神さまのスコープ

心と未来を透視する方法

スピリチュアルリーダー　しずく

フォレスト出版

はじめに

本書を手に取っていただき、ありがとうございます。
あなたが本書を手に取られたということは、

「人の心を透視したい」
「自分の未来を知りたい」
「いい人間関係を築きたい」
「人生の選択において迷わなくなりたい」

などという思いがあるのではないでしょうか。
みな、人の心の中を知りたい、未来を知りたいものだと思います。

本書は、誰もが持っている「透視力」を高め、自在に使いこなし、人間関係や自分の人生を変えるための本になっています。

透視力があなたの人生を劇的に変えていく

はじめまして、スピリチュアルリーダーのしずくと申します。
代官山に天然石のサロンをかまえて10年以上が経ちました。いまは、霊能者として、訪ねてこられるクライアントさまのご相談にお答えしたり、アドバイスをしたり、その方にいま必要な天然石をご紹介させていただいております。

宇宙とつながり、未来のメッセージをお伝えすることが私の使命です。
この使命を受け止めるのに、私自身、長い時間がかかりました。ひとりで悩み道を切り開いてきました。

いわゆる〝霊感〟の強かった私は、幼いころから、人の心の内が視《み》えたり、その人の過去も現在も未来もわかってしまったり、ほかの人には見えない存在があたり前のように視えていました。

大人になって会社員として働いてからも、誰にも言っていない相手の秘密をバンバン言い当てたり、社長に対しても「それはダメ。そうしないほうがいい」などとはっきり口答えしたりして、協調性を重んじる日本の会社になじむことができず、何回も転職を繰り返していました。

人と目を合わせることもしんどい日々。まわりからは「変な人」扱い。透視力をうまく使いこなせなかったため、毎日、生きづらさを感じながら過ごしていました。


そんな私を救ったのもまた、「透視の力」でした。


あるとき、宇宙からメッセージが届き「天然石のお店を開こう！」と閃いたのです。半年後には代官山の現在のサロンをスタートさせました。

天然石を通して、「みんなが幸せになりますように」と毎日願いながら働いていました。そして、みなさんとお話ししていくうちに霊感が働いて、どうしても勝手に口が動いてしまい、

「あなたはこうなるから、気をつけて」

「もっとこうすると、運気が上がるわよ」
「こうしたほうが、人生の流れがよくなるはずよ」

などと、気づけばアドバイスをしていたのです。

すると、それがよく当たると、口コミで評判になり、サロンは連日混雑するようになりました。狭いサロンの中で、人前ではなかなか切り込んだ本音の話ができません。そこで、おひとりおひとりとじっくり向き合って個人鑑定ができるよう、完全予約制サロンへと形を変え、いまに至ります。

そうしていくなかで不思議なことが起こりました。

多くの人の心や人生を透視して、正しい使い方を身につけると、私自身の人生もどんどんいい方向に好転していったのです。

あれだけ悩んでいた仕事での人間関係、家族や子どもとの関係、ママ友との関係も悩むことがどんどんなくなっていきました。仕事もどんどんうまくいくようになり、いつも未来を先回りした選択ができるようになったのです。

それもそのはず、人生は人との関わりにおけるもの。

その人の心を視たり、感じたりすることができれば、その関係をうまくいかせることは難しくありません。

また、自分の心の透視もすれば、まわりの情報に惑わされることなく、ありのままの自分を輝かせる生き方を選択することができます。

透視力は「神さま」が与えてくれたギフト

こういうと「私には、霊視や、透視する力なんてないし……」と思われる方もいるでしょう。

透視というと霊能者やスピリチュアルリーダーだけのものと思われているかもしれませんが、じつはそうではありません。

ほとんどすべての方が持っている力なのです。

透視とは、「肉眼では見えないものを視る力」のこと。あなたもなんとなく相手の

本心を感じたり、家族の考えていることがわかった気がして、聞いてみたら当たって
いたという経験があるのではないでしょうか。
それこそが「透視力」です。
でもほとんどの人が自覚しておらず、それを意識的に使えていないだけ。

私たちには、もともと目には見えないものを視る力があります。この透視力は、神さまが与えてくれた素晴らしいギフトなのです。
私はこれを「神さまのスコープ」と呼んでいます。

この神さまのスコープを使いこなせるようになると、

・人の心が手に取るようにわかるようになる
・人間関係がいい方向に変えられるようになる
・縁のある人、ない人がすぐにわかる
・相手が何を望んでいるかが把握でき、人を喜ばせることができる

・オーラが視えるようになり、人への対処法がうまくなる
・仕事相手として付き合うべきか、付き合ってはいけないかがわかる
・自分の決断に迷うとき、よりよい選択ができるようになる
・運気が上がり、いいことが引き寄せられる
・自己肯定感が上がり、もっと生きやすくなる

など、副次的な効果も含め、本当に未来が、人生が変わっていきます。


繰り返しますが、「神さまのスコープ」は誰もが持っている大いなる力なのです。

多くの人が、まだそれに気づかず、使えていないだけ。使えば使うほど、神さまのスコープのレンズは磨かれ、誰もが視えるようになるのです。

あなたも、この神さまが与えてくれた力を使いこなし、人生を好転させてみませんか？

透視力を磨くのは楽しい

本書でいう透視力は、超能力の類いではないと思っています。少なくとも、箱の中身を視るという、いわゆる「X線透視」などができるようになる本ではありません。見えないエネルギーを視る方法であり、自分の直感力を昇華させた力といえるかもしれません。

私自身が透視を行う際は、本書でご紹介するものよりも、より深いレベルで透視する「霊視」を行っています。これは誰しもができるものではないので、本ではご紹介できません。

本書ではより簡単で、誰もが習得できる方法での透視法をご紹介していきます。仕草や、外見、会話やメールなどの文章から、相手の心や未来を読んでいく方法です。誰でも楽しみながら、トレーニングしていくことで、自身の直感力を高め、目に見えないモノを受け取る力を身につけることができます。

だから霊能力も特殊なスキルも不要です。

実際、私がサロンで行っている透視力教室に参加された方からは、

・透視できるようになってきた
・オーラが視えるようになった
・透視して、人間関係がすごくよくなった

などの声を多くいただいています。

透視力は、ほとんどの人が持っていて、誰でも確実に、その力を開花させ、身につけることができます。

効果的に使いこなすには、まずスコープが錆びないように磨き、操作方法を知り、使うための練習が必要です。

毎日お肌のお手入れをするように、スリムな体をキープするために筋トレをするように、いい人間関係だけを引き寄せるために、一緒に楽しみながら透視力を日々磨いていきましょう。

なぜなら、この本を手にしたあなたは、神さまのスコープをすでに持っているのですから。

持っていなければ、この本には出会わなかったでしょう。

だから、大丈夫。

この本に出会ったのですから、あなたは、幸せへと向かう開運のトビラを開きました。

これから、あなたの人生は、確実に、劇的に変化していくはずです。


私たちはみんな、神さまの子ども。

みんな幸せになってよいのです。

ぜひ、この本から明るい未来が切り開かれますよう力を送ります。

しずく

第1章 あなたの人生がうまくいかない理由

第2章

神さまのスコープを使う準備

第3章

神さまのスコープのトレーニング

透視力の磨き方

第4章

心を透視する方法

神さまのスコープを使いこなそう

第5章 いい人間関係だけを引き寄せるコツ

透視したあとの人との付き合い方

ブックデザイン：小口翔平＋喜來詩織（tobufune）
イラスト：茅根美代子
編集協力：澤田美希
DTP：野中賢（システムタンク）
プロデュース：鹿野哲平

第1章

あなたの人生がうまくいかない理由

透視する力が、
未来を変えていく

人の悩みの8割以上が、人間関係

人間関係の悩みは、透視で解決する

あなたには、悩みがありますか？　それは、どんな悩みでしょう。
恋愛や結婚についてでしょうか？
または、ママ友との付き合いのこと？
それとも、仕事がうまくいっていないことでしょうか？
私のサロンでは、鑑定にこられた方に、最初に問診票のような用紙に相談内容を記入していただきます。

その8～9割の方が「人間関係」に丸をつけられます。

人間関係の悩みと一口にいっても、幅広く、親子関係、恋愛も結婚も含まれます。もちろん、職場や友達との関係もそうですね。

「仕事がうまくいっていない」と悩まれている場合、なぜうまくいっていないのか冷静に考えると、

・上司に認めてもらえないから
・まわりの人がネガティブで、愚痴を言う人ばかりだから
・職場で親しい人ができないから

など、人間関係が要因になっていることが多くあります。

仕事がつまらなくても、職場の仲間が楽しかったら会社が楽しく感じますよね。逆に、仕事はやりがいがあっても、同僚が愚痴ばかりもらし、上司が部下を怒鳴りちら

していたら気が重くなるものです。

私が独身だったころは、恋愛の悩みを抱えているクライアントさまがたくさんいらっしゃいました。でも私が結婚してからは、夫婦関係のご相談を受けることが多くなりました。

鑑定を始めてから10年以上の間に、私もさまざまなライフステージを経験しましたが、それはクライアントさまも同じ。

なかには、「じつは7年前、しずくさんに結婚を止められたんです。やっぱり、彼との結婚、やめておけばよかった……」という方もいらっしゃいます。


夫婦関係のご相談としては、離婚相談も多くあります。

一例として、旦那さんと大ゲンカをして、「この関係はもうダメかも……」と悩まれて、初めて訪ねてこられた女性がいました。

10人の霊能者や占い師に見てもらったところ、9人に「離婚しなさい」と言われたそうです。

ただ10人目の私だけが、「離婚しないで。そのケンカは一時的なもの。ハンコは私が預かるから、乗り越えてごらんなさい」とお伝えしました。すると、その女性は私がお伝えした「乗り越えるための方法」を素直に実行され、仲のよい幸せな夫婦生活を無事に取り戻すことができたそうです。

恋愛に悩み抜いた結果、結婚をしたけれど、結婚後も悩みは湧いてくるもの。浮気問題、妊娠の時期などのご相談も多く受けています。

私たち人間は、どのライフステージにおいても、どんなライフスタイルであろうと、生きているかぎり人間関係が途切れることはありません。

ですから、人間関係がうまくいく人は、人生もうまくいくのです。

そして、**その人間関係をうまくいかせる方法こそが、透視力を使うこと。**相手の心がわかれば、そのとき一番いい対応ができるはずです。

人間関係で間違ってしまうのは、相手の心を理解できていないからです。

もしあなたが、「私の人生はうまくいっていない」と少しでも思うなら、あなたが本来持っている透視力を磨いていきましょう。

人間関係がうまくいかない人の3つの特徴

まず、人間関係の悩みの仕組みをご紹介していきます。
そもそも、どんなタイプの人が、人間関係に悩みやすいのでしょうか。
大きく分けて、３つの特徴があります。

①優しい人
②弱い人
③敏感な人

ひとつずつご紹介させていただきます。

①優しい人

優しい人は、どうしても相手に合わせがちです。自分を犠牲にしてでも、ズルズルと相手に付き合ってあげたり、「イヤだな」と思ってもＮＯと言えなかったりして、苦手な相手との関係を断ち切ることができません。そうして、自分の無理がたたり、ストレスが溜まってしまうのです。

②弱い人

たとえば、会社の上司や発言権のある人など、自分よりも立場的にも精神的にも強い人に何か言われてしまうと、言い返すこともできず、ただ萎縮してしまうタイプです。あなたはどうでしょうか。

または、友達や家族など、まわりに振り回されがちな人、そこから状況をこじらせてしまう人も、このタイプです。

③敏感な人

ここ最近、「ＨＳＰ（ハイリー・センシティブ・パーソン）」という敏感症の名前が広まりました。「日本人の5人に1人がHSPである可能性がある」ともいわれ、実際、私のサロンにも、HSPのクライアントさまが多数いらっしゃいます。

「超」までいかなくても、少しの反応で「自分は嫌われているんじゃないか」と心配してしまったり、周囲のことを感じやすかったり、共依存体質な人は、敏感な人といえます。

霊能者と名乗る以前の私のように、透視力があるけれど、それをまだ使いこなすことができない人も、ここに当てはまるかもしれません。

私がこれまで多くの人を見てきた経験からも、これら3つの特徴のいずれかに当てはまる人は、人間関係に悩みやすい傾向にあります。

あなたは、3つのどれかに当てはまりますか?

相手への期待が、新たな悩みを生む

サロンでの鑑定では、次のような内容の相談をたくさん受けます。

「結婚したいのに、彼が動いてくれない」
「希望の学校・会社・部署に入れなかった」

ようするに、「現実が期待していたものと違う」ことに悩まれています。
そして、これらに共通しているのは、「他者のせい」。
わかりやすくいってしまえば、「私は、他人のせいで悩んでいます」ということですね。

ほとんどの場合、他人のせいではなく、自分のとらえ方のせいで、人間関係に悩んでいるのです。

でも多くの場合、それに気づけません。自分のとらえ方、つまり「視点」を変えてみると、次のような別の思考が見えてきます。

「彼は、いまは誰とも結婚する気がないから、動かなかったのかな」
「私が、勉強または準備不足だったから、希望のところに入れなかったのかな」

相手のせいではなくて、「自分のとらえ方が問題だったんだ」と受け入れられると、他人のせいにして悩んでいた本当の理由が見えてきます。

その理由とは、「相手に期待したから」なんです。

はじめから結婚する気のない人に、式場の見学に誘ったところで、反応が悪いのは仕方がないですよね。

それなのに、「彼は運命の人だし、彼もいますぐ結婚したいと思っているはず！」と期待してしまう。

相手に期待ばかり押しつけていては、恋愛関係はうまくいきません。

前述した、人間関係で悩みやすい3つの特徴の人も、相手に期待しがちです。

・自分は優しいから、相手も優しくしてくれると思ってしまう
・自分は弱いから、相手も気持ちを察してくれると思ってしまう
・自分は敏感だから、相手も気を使ってくれると思ってしまう

この「思ってしまう」が、相手への期待に変わるのです。
そうすると、相手に、

「もっとやってほしい」
「こうしてくれるはず」

と考えるようになり、それが叶わないことでイライラしたり、怒りや悲しみを覚えたりして、悩んでしまうようになります。
これが、人間関係の悩みの仕組みなんですね。

人間関係がうまくいかない人の３つの特徴

３つの特徴を持つ人は、
感じる才能を持っている

相手の望みを理解すると、運気が変わる

「受け取る人」から「与える人」へ

人間関係で悩んでいると、どうしても相手に期待をして、「私のことをわかってほしい！」と思ってしまいます。

私は、そのような人を「ちょうだいチャン」と呼んでいます。

ちょうだいチャンは、いつも誰かに何かを期待し、「欲しい欲しい」「ちょうだいちょうだい」と思ってしまいがち。口には出していなくても、心の中でそう思っているのですね。

アメリカで実証されつつある話に、「与える人ほどお金持ちになる」というものが

あります。「GIVEする人」は、与えれば与えるほど、心が満ちて幸せになる。その心の状態が、よい縁を生み、仕事につながったり、不必要なものにお金を使うことなく、よいお金の循環という形に現れていきます。

一方のちょうだいチャンは、「TAKEする人」。

つまり、与える人ではなく、「もらう人・受け取る人」だといえます。与える人ではないのでお金や幸せが逃げていきやすくなります。

「欲しい、欲しい」「欲しいのにもらえない」「わかってくれない」が不満に変わり、もう体も心も不満でいっぱい。

これでは、人間関係ばかりか、人生もうまくいきません。

では、どうしたらよいのでしょうか。

まず、自分から先に相手のことをわかろうとする優しい気持ちを持つこと。これだけで、運気（エネルギー）が変わります。

「相手の困っていることはなんだろう」

「相手はいま、何をしてほしいのかな」

そうやって、相手の望みを理解しようとするだけで、自分の視点が変わり、悩みが解消しやすくなります。まずは、相手を幸せにすることを考えられるようになると、自分自身も幸福感が高まりますよ。

私自身の例から、ご説明しましょう。

経済産業省が日本製の商品を広めるため、フランス・パリで展示会を開催することになり、当店が取り扱う「伊勢産真珠のジュエリー」が招待されました。

「わー、素晴らしい！」と感激しながらも、冷静に神さまのスコープを使用してみました。

残念ながら、透視結果は、トラブルだらけで、よい結果が見えませんでした。

ですが、経験もしてみたいし、お付き合いもあるので出店することにしました。

案の定、初の試みの展示会のため、手続きの作業にたくさんの時間が取られ、なによりパリのデモと重なり展示期間中、会場近くでは火災が起こるなどの多くのトラブルがありました。

以前の私なら、担当の方に不満のひとつも言ってしまっていたでしょう。

しかし、私はとても冷静に結果を受け止められました。

なぜなら、神さまのスコープを使ってあらかじめ「うまくいかない」と見えていたからです。

そして、今回の担当の方は、「『石の雫』をひとりでも多くの方に知ってもらいたい」という優しい気持ちから、招待してくださっていることがわかりました。

なんと嬉しいことではありませんか。スコープを使ったおかげで、お声を掛けてくださったことに心から感謝できました。

さらに、担当の方のお気持ちを透視してみたら、申し訳ない気持ちでいっぱいになっていらっしゃいました。そんな方に、不満をぶつけても誰も幸せにはなりません。優しいお気持ちにより一層感謝の気持ちをお伝えしたいと思いました。

相手の幸せを考え、透視をすると見える世界が変わってきます。すると不平不満が違う形になっていくんです。

このように、透視力を使って、相手の望みや気持ちをまず理解しようとすると、お互いがハッピーになれるのです。

透視とはコミュニケーション

「透視をして、自分の行動を変える」までが１セット

透視とはコミュニケーションです。

一方通行で、単に相手の深層心理やエネルギーを覗《のぞ》き見したりする方法ではなく、よりよい関係を築くためのコミュニケーション方法なのです。

つまり、「相手の心は、いまどうなっているのかな」と透視をする。

その心の状態によって、こちらが態度や行動を変えていけばいいわけです。

透視が目的でも、見えたことが重要なのではありません。

見えたことから、あなたがどんな選択をするか、が大事なのです。

「透視をする」で終わりではなく、「透視をして、自分の行動を変える」までが1セットなのです。

たとえば、イライラしている人に、ギャーギャーと自分の意見を言ったところで、火に油を注ぐようなものですよね。

もし相手の心の状態を透視して、イライラしているのが見えたら、そのときは自分から引く。もしくは、相手をリラックスさせる。

そのようにして、相手のイライラが収まるまで待てばいいんです。

とはいえ私も、透視が下手だったとき、霊能者としての経験不足だったこともあって、見えたままのことをズバズバとお伝えしてしまい、相手を傷つけてしまうことがありました。

もし、透視とはコミュニケーションなんだと、きちんと認識していたら、相手の心の状態に合わせて、言葉を選ぶことができたでしょう。

または、相手が受け入れられそうなタイミングまで待つことで、伝えるべきことをちゃんと伝えることができたのに……と、いまは思います。

透視というコミュニケーションには、プライドを捨てることが鍵となります。つまり、「負けるが勝ち」を選ぶこと。これがコツなんです。

すると、人間関係がとっても楽になります。

あるとき、裕福なマダムが、「うちの夫は体を鍛えることに夢中で、しかも若い子と浮気までしているの」と、ご相談にいらっしゃいました。

ここで旦那さまを透視すると、「奥さまに、『カッコいい！』って言ってほしい」と思っている心の状態が見えました。奥さまが言ってくれないから、褒めてくれるほかの女の子に筋肉を見せに行っているのだ、と。

そこで、私は次のようにお伝えしました。

「浮気されて、悔しいし悲しいかもしれませんね。でもね、ここは奥さまが引いて、

『パパ、いつもカッコいいね！』って褒めてあげてください」

後日、再びサロンにいらしたとき、「しずくさんに、『褒めてあげて！』と言われたから、忘れないようにメモを貼って頑張ろうとしたけど、どうしても言えなくて……。そうしたら、また浮気されたわ」とおっしゃられました。

このような場合、相手を褒められないのは、プライドが邪魔をしているからです。「浮気をされて、自分も傷ついているのに、浮気をした相手を褒めるなんて、プライドが許さないわ！」というマダムの気持ちも理解できます。

確かに相手に言う瞬間は、負けたような気分になり、自分のプライドが傷つくかもしれません。でも、よりよい未来にするためのコミュニケーションです。相手の心の状態に合わせた言動ができるようになると、人間関係は激変します。

透視ができると人間関係でイライラしなくなる

心の透視が、いい人間関係をつくる

いまの時代、ＳＮＳでの発信ややりとりが、あたり前になっています。気軽にやりとりできて、便利になった反面、悩みが増えたという人も多くいるのではないでしょうか。

そのひとつが、ＬＩＮＥの「既読」です。

たとえば、こんなネガティブな悪循環に、陥っていないでしょうか。

相手にＬＩＮＥをして、既読になっているのに返信がないなんで返信してこないの？

あれ、私のこと、好きじゃないのかな……

ううん、そんなことない。……でも、もしかしてあの人を怒らせるようなことを言っちゃったのかな

あ！　あのときの私の対応が、悪かったのかもしれない

そうか、やっぱり、私が悪いんだ

相手が好きな人の場合もあるでしょうし、友達、または同僚や上司のこともあるかもしれませんね。

もしここで、相手の心を透視できたら、

「この人は忙しくて、いまは返信するどころじゃないんだ」

「返信がないのは、上司から評価されていないわけじゃなくて、上司もいまは自分の仕事に集中したいだけなんだ」

「そもそも既読になっているということは、ＯＫだと思っているんだ」


などと、読み取ることができますよね。それができたら、返信がないからと、イライラすることもなくなります。

逆に、相手を気遣うことができて、愛のある関係を築くことができますね。


また、透視力が身につくと、お別れするべき人間関係も見えるようになります。

足を引っ張ろうとしたり、いつも自慢話ばかりの女友達。わかっているのにダメ男と別れられない。毒親と距離を置けずに、いつも傷つけられてしまう。

そのような、一緒にいるべきではない相手と離れられずに、関係を続けてしまうのは、透視ができていないから。

透視力を身につけると、その関係が本物のピュアな愛なのかが見抜けるようになり、離れるべきときのタイミングもわかるようになるのです。
また、慣れてくると、自分自身の心を透視することができ、それによっていい人間関係を築くこともできるようになります。

先を視る透視力が、人生を大きく変える

最近多いご相談が、アラフォーの独身女性のクライアントさまからの「運命の人を待ってしまっている」というものです。

ご自身が夢見ている未来と、神さまのスコープを使って視る未来は違います。
現実は厳しいとわかっていても、自分の理想は壊したくないですよね。
未来を視るには、勇気と素直さが必要になってきます。

「いまの好きな人と幸せになれますか？」というご質問をよくいただきます。もちろ

ん、みなさまに「幸せになれますよ！」とお伝えしたいところですが、現実は思い通りにいかないものです。

以前、お付き合いしている彼との関係を鑑定させていただいたクライアントさまに、

「残念ながら、その彼とはうまくいきません。その彼とは違う、優しい年下の男性と出会うはずです。社内をよく見てください」

とお伝えしたことがあります。

そのあとの鑑定が大変でした。ご本人は「いまの彼と幸せになれる」と言われるつもりでいらしていたからです。

でも、うまくいかない気がするから鑑定にいらしている、わかっているけど素直に聞くことは難しい。鑑定中も、泣いたり不機嫌になられたり。

私も恋愛でそんな経験をたくさんしているからわかります。それでも、幸せになれないものは、なれない理由をご説明するしかありません。泣いても怒ってもいいから、現実を受け入れる素直な心が結婚につながります。

後日、社内の年下の男性から告白され、お幸せにご結婚されたと嬉しいご報告をい

ただきました。

いまでは、二児の母になられて、このときの鑑定は二人のなかで笑い話です。

このクライアントさまは、素直な心で現実と向き合うことができ、幸せをつかみました。この素直さが神さまのスコープを使う大切な鍵なのです。

少し先のことをイメージする力

素直になれないとき、私はみなさんに、「少し先のことをイメージしてみましょう」とお伝えしています。


いまのままの人生で本当によいのでしょうか？

神さまのスコープを覗いてみてください。

未来の自分が笑っていますか？

心が固まったまま年を重ねていませんか？

たとえば、子どもを産まない人生を選ぶのか、妊娠しなくても納得できるのか。やっぱり子どもが欲しいという答えが出たら、婚活をがんばる。ちょっと妥協しても結婚する。そんな一歩を踏み出すことができます。

ここで透視力を使わないと、「でも、でも……」と運命の人をいつまでも待って、婚期を逃してしまいます。

自分を透視すると、理想とは違う見たくない現実と向き合うことになるかもしれません。

傷つくこともたくさんあるでしょう。傷つくからこそ、よい方向へ方向転換できる。透視をすることで、変わってほしいのです。

人間関係だけでなく、転職も同じです。

いまの会社の愚痴は次から次へと出てくるけれど、現状から一歩進む勇気がないから蓋《ふた》をして、透視しようとしない人もたくさんいらっしゃいます。

もちろん、いまの関係性にピリオドを打つことや、転職して環境が変わることに対して、恐れの気持ちが湧いてくるのは当然のこと。

だからこそ、ここでちょっと勇気を振り絞って、神さまのスコープを使うようにしてほしいのです。

なぜなら、いままで蓋をしていた現実を透視することで、未来が拓けるから。

勇気が出ないと思う方は、第3章と第4章の練習と実践を繰り返してください。

きっと、自分の未来に自信が持てるようになります。

幸せの第一歩へ踏み出しましょう。

怖がらなくても、大丈夫。

神さまのスコープを持っているあなたには、幸せな未来が待っていますから。

第 2 章

神さまのスコープを使う準備

透視力の秘密

ほとんどの人が透視力を持っている

最近、私のサロンを訪れてくださる方から、

「しずくさんのようなお仕事をしたい」

と言われることが増えるようになりました。

私が10年前に「霊能者」と名乗るには、相当な覚悟が必要でした。でも、時代の流れなのか、いまはスピリチュアルな世界の敷居が低くなってきたことを感じています。

霊能者や占星術師、ヒーラーなど、目に見えない世界のお仕事が、「羨《うらや》ましい職業」「憧れる仕事」に変わってきているようです。

この本を読んでくださっている人のなかにも、スピリチュアルなことをお仕事にし

たいと思っている人がいるかもしれませんね。

お仕事にしないまでも、占いができるくらいの「見える力」が欲しいという人もいるでしょう。

つまり、神さまのスコープが欲しいし、使いたいということ。そうしたら、こんなに悩まないですむのにって。どうしたらいいか、わかって楽になるのにって。

あなたもそう思いますか？

透視は限られた人の力ではない

勘違いされやすいのですが、「透視＝限られた人の不思議な力」と思っている人が多くいます。

私はそうではないと思っています。

透視力を英語でいうなら、「Inspiration（インスピレーション）」が当てはまります。

直感力ということもできますが、「感じ取る力」だと考えています。

これは私の見解ですが、ほとんどの方が、強いか弱いかはありますが、もともと透視力をお持ちだと感じております。

それは、絵を描くのが上手か下手か、足が速いか遅いかというのと同じ。透視力はそういう能力の一種といえるでしょう。

ただ、持っているけど、自覚がなくその能力を磨いていないから、意識的に使えていないんです。


生まれながらに能力を持っている人＝その能力を使える人ではありません。**能力を持っている人が、意識的にトレーニングするから、現実の世界で使えるようになる**のです。

オリンピックで金メダルを取るような短距離走者も、もともとの〝足が速い〟という能力を伸ばすためのトレーニングを日々積んでいるからこそ、タイムを縮められます。

それと同じように、透視力も能力を伸ばすためのトレーニングが必要です。

トレーニング方法については、第3章でじっくりお伝えしますね。

また、もともとある能力を、ちゃんと活かせなくては意味がありません。

たとえば、絵が上手な人が、白いキャンバスに向かって描いたら立派な作品になります。

でも、それがキャンバスではなく、自分の手帳の切れ端に描いていたら、自分しか目にしない落書きで終わってしまうかもしれません。

透視力も同じ。自分に透視力があることを自分で認めて、使うべき場面で使えるようになると、本物の力になるのです。

神さまのスコープは自覚的に使えば使うほど、精度はどんどん高まります。すると、心や未来がはっきり見えるようになり、たくさんの情報を手にしたうえで、幸せになる行動を選択できるようになります。

はっきりいって人生がすごく楽になります。

極端な話ですが、聞こえないはずの声が聞こえるとか、パニック障害やＨＳＰの人も、社会では生きづらい症状ですが、透視能力が原因の可能性があるかもしれません。

透視能力を磨くことで状態が安定する場合もあります。


透視力があるというのは、素晴らしい個性です。

ですから、目に見えないことがわかるからといって、単に妄想や病気で終わらせるのではなく、それを使って人生をいい方向に向かわせてみましょう。


「自分には透視力があるんだ」「神さまのスコープを持っているんだ」と自覚して、うまく使いこなし、幸運を引き寄せていきましょう。

そうすると、敏感に感じ取ってしまうがゆえの生きづらさから解放され、幸せな方向へと人生を展開させていくことができます。

透視力の秘密

「観察力×直感力×解決力」こそが透視力

では、透視力とは具体的にどんな力なのでしょうか。

分解してみていきましょう。


まず挙げられるのが、「観察力」です。それは、冷静に相手を見ること。

「白い服を着ている」

「マスクをしている」

このように、相手の外側を冷静に見る力が、観察力です。透視をするとき、外見は重要な情報となります。

意識して相手を観察するようにすれば、情報を得るのは難しくありませんね。


次に「直感力」。

感覚で判断する力のことです。

たとえば、好きか嫌いか。合うか合わないか。得意か苦手か。

自分が直感的に感じたモノを信じて、判断します。直感的な判断はだいたい正しいのですが、自分の直感を「常識」や表面的な「考え」で上塗りしてしまうと、直感力はしぼんでしまいます。

たとえば、年収や世間体だけで会社を選ぶと、こんなはずじゃなかった……という結果になりがちです。逆に、自分はその仕事が好きか嫌いか、直感力を働かせて選ぶと、失敗は少なくなります。


最後に、「解決力」。

これは、自分のトラブルや問題を「解決したい！」と願う強い気持ちを持って、物

透視力＝観察力×直感力×解決力

観察力：外見・仕草を冷静に見る力
直感力：印象をメッセージとして受け取る力
解決力：「どうするか」「どうしたいか」を考える力

**相手を観察し、直感を受け取り、
どう対応するかこそが透視力**

事に向き合うこと。「結婚したい！」と願って終わらせるのではなく、お友達に紹介してもらったり、お見合い相談所に登録したりすることが、問題を解決する力です。加えて、解決力とは、このままの自分の状態でいいのか、この環境でいいのか、と「考える力」でもあります。

考える思考をストップさせてしまうと、人に決めてもらいたくなります。「考えるのが嫌だから」という理由で、占いに走ってしまいがちですが、それでは人生の流れは変わりません。

本気で変わりたい、問題を解決したいなら、自分で考えて努力しないと運気は変わらないのです。

神社巡りは、確かに楽しいし、気持ちがスッキリします。でも神社に行ったからといって、運気を変えるための特別なパワーが瞬時に宿ったり、神さまが問題を全部肩代わりしてくれたりするわけではないですよね。

神さまは、スコープを私たちに与えてくれているだけ。魔法を授けてくれるわけではないのです。

「変わりたい！」という気持ちと努力があってこそ、スコープを使いこなすことができ、結果として解決への道が引き寄せられます。

この3つの力が掛け合うことで「透視力」となり、それぞれの力を強めることで、透視能力をさらに高めていくことができます。

ただ残念ながら、透視力とは、魔法ではありません。

呪文を唱えれば透視ができるようになったり、霊能者になれたりするわけではないのです。

透視力は、繰り返しの実践と慣れによって、感覚がどんどん鋭くなり、透視できる範囲と精度が高まるものなのです。

本書を読んで、実際に試していくうちに、3つの力が身につくようになるでしょう。すぐに習得できる方もいれば、時間がかかる方もいらっしゃいます。

時間がかかっても、諦めないでくださいね。

ほとんどの方はもともと透視能力を持っています。まだ開かれていないだけ。自覚していないだけです。

必ず透視力は上がりますし、神さまがあなたの味方になってくれますからね。

神さまのスコープを使う前にするべき準備

透視力を上げるために、最初にするべきことがあります。

それが、「心を開くこと」です。

心というのは面白いもので、自分の心と相手の心は同調します。

あなたが心を開いてお話をすれば、相手も心が開いていきます。逆に、透視する側が心をクローズしていると、相手の心も閉じてしまいます。

それだけではなく、心をクローズしてしまうと、自分を信じることも、他人を信じることもできなくなってしまいます。

そういう状態では、心を通わせる神さまのスコープを使うこともできなくなり、人生の流れを変えるアドバイスを受け入れられず、ご自身で透視をすることも難しくなります。

「そう言われても、しずくさん。心を開くとは、どういうことかわからないんです。

一から教えてください！」

と言われるクライアントさまが多いのも事実。

そういう方には、

「自分を褒めることから始めましょう」

と、お伝えしています。


自分を好きになること。

過去の自分を許すこと。

自分と人を信じること。

すると心が温かくなり、神さまのスコープが開き始めます。


「リラックスして、『メッセージをそのまま受け取ろう』と意識してくださいね」

「メッセージを感じたら、素直に受け取ってみよう」

こんな気持ちでいることが、とても大切です。

とはいえ、シンプルなことなのに、意外と難しく感じる方もいらっしゃるかもしれませんね。

大人になるにつれ、自分の心ではなく、思考を使うことが増えていきます。知識や経験が増えていくのはいいのですが、子どものころに持っていた素直さや考えすぎずに物事を受け取る力がなくなってきます。

「人を簡単に信じちゃダメ」

「だまされないようにしなきゃ」

と、常に物事の裏を読むクセがついて、素直になれないのです。

そのクセを取っ払って、メッセージを受け止める素直さが戻ってきたら、心が開けた証拠。

まずは透視のためのひとつめの準備が、整います。

「神さまからメッセージを受け取っても、大丈夫。素直に受け取ってみよう」

と透視する前に、心の中で唱えてみてください。

メッセージを否定しない

心を開くとメッセージを受け取れるようになり、透視できるようになります。

ただ、残念なのが、せっかくのメッセージを否定してしまうこと。


「でも、私の思いすごしかもしれないし……」

「だって、私には透視能力なんてないし……」


と、自分へのメッセージや直感を否定してしまう人も意外と多いのです。

会話でもつい否定から入ってしまう人がいるのと同じ。ご自身の会話も、冷静に振り返ってみてください。否定形から入っていませんか？

「でも」「だって」と繰り返していると、運気は下がり、チャンスも逃げていってしまいます。

話をしている最中に、人に否定されると話をしたくなくなってしまいますよね。同じように、ずっと否定しているとメッセージは届かなくなってしまうんです。

そもそも、なぜ否定してしまうのでしょうか。

それは、自分の考えや常識に固執してしまう「頑固さ」が原因かもしれません。「自分はこう」と思い込んでしまうと、新しいメッセージが入る隙もありませんし、相手のことも自分の色眼鏡でしか見えなくなります。

私のサロンでは透視の教室も開催していますが、参加者のみなさまがある程度透視できるようになっていきます。

そこで私が、「透視できていますね！」と、お伝えしても、「でも、そんな気がしただけだし……」という否定的な答えが、まあまあな確率で返ってきます。

それでは、もったいない。

自分の透視力を自分で信じられないと、神さまのスコープは閉じたままで、使うことができないのですから。

いまから「でも」「だって」を脱ぎ捨てて、否定的な自分とサヨナラしましょう。

透視は神さまからのメッセージ

「でも、私の思いすごしかもしれないし……」
「だって、私には透視能力なんてないし……」
などとメッセージは否定しないことが大切

透視力を高めるメッセージを受け取る作法

「神さまからメッセージを受け取っても、大丈夫。
素直に受け取ってみよう」と心の中で唱えてみよう

**目に見えない情報を
素直に受け取れる人が透視上手**

透視をするために必要な2つのこと

心の状態をフラットにすると、透視力が高まる

人を透視するとき、大事なのは「相手を褒めるつもりで透視をする」こと。そうすると、正確な透視ができます。そこが、透視のスタート地点。自分がどのような状態で、透視をするのかは、非常に重要です。

- ポジティブな心の状態
- フラットな心の状態
- ネガティブな心の状態

この3つの心の状態があるとして、**あなたの心がフラット、もしくはポジティブな状態で透視をするようにしましょう。**

逆に、ネガティブな心の状態で、自分のことも相手のことも褒められないまま透視をしてしまうと、ネガティブでダークな透視結果になってしまいます。

相手を透視する場合、前向きな関係性を築くことができません。

自分のことを透視する場合も、正しい透視は難しくなってしまいます。

そこで大事なことが2つあります。

ひとつは、先にもお伝えした「**心をポジティブに保つ**」こと。

もうひとつは、「**浄化をする**」ことです。

心をポジティブに保つ方法

まず、心をポジティブな状態に保つ努力をしましょう。四季折々の自然を感じたり、香りや音楽、ゆっくり食事を楽しんだりして、五感を満たし、感じてください。
そして、人を愛し、自分を愛してください。

これは、透視をするときに、とても重要な鍵です。
「相手の心を透視するのに、なぜ自分を愛することが必要なの？」と思われるかもしれませんね。

自分を愛するとは、自分を尊重し、肯定すること。
もっとわかりやすくいえば、自分を褒めてあげること。

自分を褒めて愛してあげると、自己肯定感が高まり、気持ちが自然とポジティブになります。

自分のことをネガティブに見ていたり、否定的にとらえたりしていると、透視の結果が暗くネガティブになりやすいのです。
自分を透視するのでも、人を透視するのでも、ある程度ポジティブに視ることができないと、透視することに疲れてしまいます。

また、相手に対してネガティブな感情を持って透視すると、透視内容がネガティブに引っ張られて、正しく読み取れない可能性があります。

スコープのレンズが曇ってしまうようなイメージです。

私のクライアントさまにも、自己肯定感を持てずに苦しんでいる方がいます。

「自分のいいところを3つ挙げてみましょう」と言っても、みなさん言葉が止まってしまうのです。

逆に、「じゃあ、自分の悪いところを3つ挙げて」と聞くと、3つどころか、即答で10個も出てきたりする。

つまり、**自分をけなすことはできても、「褒められない」**のです。

人から認めてもらえると、やっと自分を褒められる、という人もいることでしょう。

でも、そうではなく無条件で、自分の心を開き、まずは自分のことを他人のことのようにいっぱい褒めてみましょう。

それは、ほんの小さなことでもかまいません。

・朝、起きて会社に行った

→「私、偉い！　今日も頑張ってる！」

・苦手な人にも笑顔で挨拶をした

→「素晴らしい!!　すごいね、私！」

・欲しいものを我慢した

→「よく我慢できた、自制できた、すごい！」

小さなことでもいいので〝盛って〟褒めてください。

それができると、心の状態が変わります。自分のことが好きになれ、自分だけでなく人のことも認められるようになるのです。すると、相手のこともすんなりと褒めることができます。

褒めることは、愛です。自分を褒めるということは、自分に愛を与えることになります。自分に愛を与えれば与えるほど、心はいい状態に育っていくのです。


素直な心で率直に褒めればいいのです。

褒めるだけで、相手に好意があることを伝えられます。

お世辞は苦手という方は、相手のよいところを探すのが苦手なだけ。自分のよいところ、相手のよいところを褒めてみてください。


自分はもちろん、目の前の人も、そのまわりの人もみんながハッピーになります。

そしてそれにより、あなたの神さまのスコープが開き始め、透視力を使う準備が整っていきますよ。

感情・マインドをクリアにする

情報で人を見ない

もうひとつ準備で大切なことは、「浄化」です。

先ほどもお伝えしたとおり、自分の心の状態、感情やマインドによって、透視の結果には歪《ゆが》みが生まれます。

たとえば、初対面の人に会い、名刺交換をしたとき、あなたは相手のことをどこかからチェックするでしょうか。

相手の服装から？　顔や表情？　それとも、名刺の肩書きでしょうか。

名刺の肩書きに「代表取締役」の文字があったとき、

「あ、この人は社長さんなんだ。偉い人なんだ」

「社長なんだから、仕事ができるに決まっている！」

と、反応してしまうでしょうか。

社長だから仕事ができると決めつけて期待をして、実際、思うほど仕事ができなかった場合、きっとガッカリしてしまいますよね。

でもここで、「『社長』と名刺にはあるけれど、この人もただの人なんだ」という目線で相手を見ると、

「仕事はわからないけど、器が大きそうだな」

「頭の回転が速そうな人だな」

と、フラットな見方ができるようになります。

肩書きだけで、相手を「こうだ！」、または「こんなものだろう」と決めつけてしまうと、残念ながら透視力は働かなくなってしまいます。

大切なのが、自分のなかの物差しを取り去って、相手を違う目線で視ること。
それには、「一歩引く」ことが必要です。
一歩引いて視ることこそ、透視の近道。
一歩引くとは、感情的にならず、自分の心がクリアになっている状態のこと。

相手に対して感情的になっていると、正確な透視ができません。
相手に対して怒っているのに、落ち着いて相手の心を透視するのは、ちょっと難しいですよね。

その逆もしかり。相手の機嫌が悪かったり、感情的になったりしていると、「自分が何かしてしまったからかな……」などと思ってしまいます。冷静さを失って感情的な渦に巻き込まれ、仮に透視ができたとしても、的はずれな透視結果を導いてしまうかもしれません。

感情的になることは、透視にはマイナスなのです。

浄化してリセットしよう

冷静な視点でいられるように、自分をクリアにすること。

そのためには、浄化してリセットすることがオススメです。

自分の感情や、マインドが浄化されてクリアになり、一歩引いた視点で、透視することができます。

また、透視力がある人は、相談者からの念やエネルギーを受けやすいのです。相手の感情に寄り添っていくため、ネガティブなエネルギーに同調してしまうことがあります。

こうして受けてしまったものも浄化しておくと、体も心もリセットできます。

透視する前とあとだけ浄化するのではなく、日々浄化することを心がけておくといいでしょう。浄化の習慣を身につけておくと、常に自分をいい状態にキープできるようになり、繰り返し、透視能力が使えます。

また、念を受ける前に自分を守ることにもなりますよ。

神さまは、キレイなものや人が大好きです！

常に浄化をして、幸運そのものである神さまとつながってから、神さまのスコープを使うようにしましょう。

次のページの「自分を浄化する方法」の中から、ご自身にあった方法を試してください。

そして、できれば毎日、意識して浄化を行って、正しい透視ができるように自分の心身を整えましょう。

自分を浄化する方法

天然石で浄化

歴史上、人間は天然石を使ってきました。古代エジプトから世界中の王族が胸元に大きな天然石をつけています。石にエネルギーがあることを、昔の人々は知っていたからです。

美しいと思う石、身につけたいと思う石、直感で欲しいと思う石を選んでみましょう。石は、そのエネルギーで不浄物を取り除き、乱れた波動を

その人本来の波動に整えてくれます。

天然石には、それぞれ特有のパワーがあります。どの石がいいか迷う方や、ビギナーの方には、水晶やローズクォーツ、アメジストなど、クォーツ系がオススメです。

岩塩（天然の塩）で浄化

盛り塩は、玄関やお部屋などすべての場所を浄化できます。なかなか眠れないという方や、悪夢を見る方には寝室の四隅に「盛り塩」を置く浄化方法もオススメです。

また、自分自身の体の浄化方法としてお風呂に入れたり、体にすり込んでマッサージしたりすると、強力に浄化できます。ヒマラヤ岩塩が、特にオススメです。

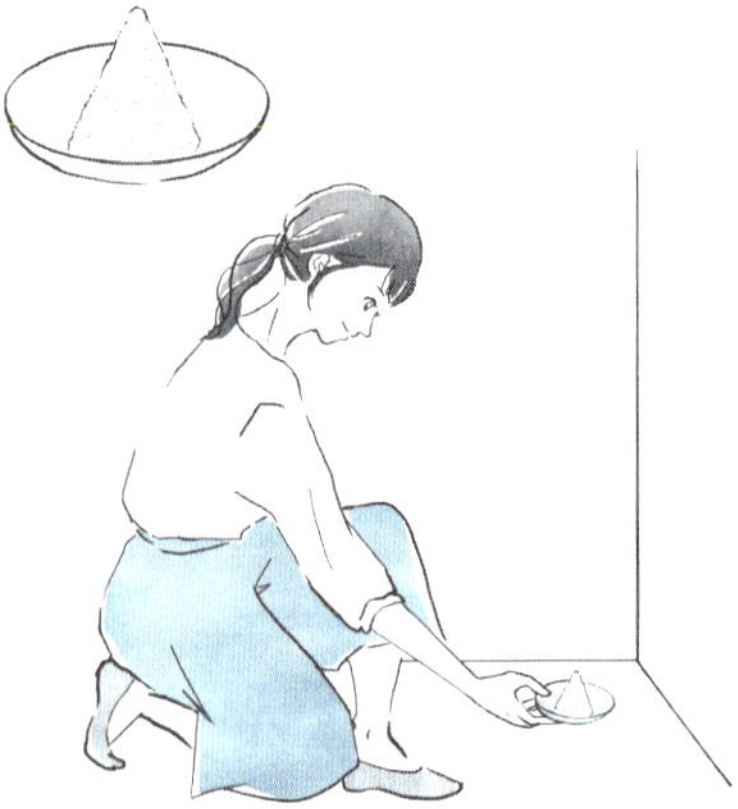

入浴で浄化

湯舟に浸かることで、体についた不浄物を取り除くことができます。その日にあった嫌なこともリセットできます。洗い流すときに、体についた邪気を落とすイメージをして、髪の毛や体のまわりの不純物を洗い流しましょう。時間がないときは、手洗い、うがい、洗顔だけでも浄化になります。

ホワイトセージで浄化

アメリカ先住民が儀式に使うことで有名な、浄化能力の高い方法です。ホワイトセージの煙で燻

す浄化法は「スマッジング」と呼ばれ、古来より神聖な儀式の前にもちいられています。乾燥させたセージの葉を1枚取り、先端に火を点け、火が点いたら手であおぎ、火を消して煙を出します。その煙で天然石やお部屋、人の浄化などができます。立ちのぼる煙には、あらゆるものを浄化する作用があると伝えられています。

自然で浄化

自然界の目に見えない力を全身に浴びることで、浄化できます。日光浴、月光浴、海水浴、森林浴などは積極的に取り入れましょう。

また、部屋やデスクに、小さい鉢植えや多肉植物、生花を置くだけでも浄化になります。

植物と同じように、動物にもヒーリング効果があります。愛するペットと過ごすだけでも浄化につながるでしょう。

音を使った浄化

浄化方法のひとつに「音」もオススメです。最近では、音叉《おんさ》（チューナー）やクリスタルボウルなども人気ですね。音叉で水晶を軽く叩き、透き通った高音の音色で空間を浄化します。ヒーリング音楽などを流して、場の浄化をするのもよいでしょう。

また、簡単な方法ですが、頭や胸のまわりでパン、パンと拍手をするだけでも、気持ちはもちろん、空間のエネルギーも入れ替わりますよ。

窓を開けて浄化

空気がこもると、不浄物も漂ったまま。自宅の部屋はもちろん、オフィスも、窓を開けて空気を入れ替えましょう。窓がないお部屋は、床や机を水拭きしましょう。寝室はこまめにシーツや枕カバーをお洗濯してください。ネガティブなエネルギーを換気して、日光を部屋に取り入れましょう。日光には浄化作用があり、特に朝の空気が澄み切っていますので効果的です。

お酒で浄化

神さまは、お酒が大好き！　世界中の神さまの浄化方法は、じつはお酒です。お祝いの席に、お酒は欠かせないですよね。邪気を祓《はら》って、幸せな運気を呼び込みたいときにオススメです。特に、日本酒には邪気を祓う効果があるといわれています。邪気を感じる場所に、コップ一杯のお酒を置いて魔除けをしたり、お風呂に入れて心身を浄化するのもよいでしょう（ただし、飲みすぎには注意してください）。

電磁波予防で浄化

現代人は、毎日電磁波を浴びて生活していますが、電磁波は透視力の大敵。天然石や植物、アロマオイルなど自然の力を借りて浄化をしましょう。人工の中で暮らしている方は、就寝前は電磁波から離れて脳を守るなど、なるべく体に邪魔が入らないようにしましょう。自然界の物質が人間の体の一番の浄化になります。

ほかにも、自分なりの浄化方法を見つけて、意識的に浄化してみてください。透視力の準備になるだけでなく、いいエネルギー状態になり、心と体が疲れにくくなるなどのメリットがありますよ。

透視力が冴えている人は、ありのままを感じる

人は見ているようで見ていない

透視力が冴えている人は、いつも自分らしく自然体で、常に「ありのままの自分」を楽しんでいます。

逆に、透視力が鈍っている状態だと、人の目ばかりを気にしてしまいます。いつも人から見られているとか、人にどう評価されているのかばかりを気にしてしまう。たとえば、親の目、友達の目、上司や同僚の目、まわりの目を気にして、取り繕ってしまう人がとても多いのです。そのままでいたら、どんどん透視力は鈍ってしまいます。

まず、「見られている」というのは、あなたの〝思い込み〟であることを受け入れてみてください。

そして、人の目を気にすることや、プライドを捨てること。それができると、〝素〟の自分でいることができます。

第1章で、透視力を高めるにはプライドを捨てることが鍵となると、お伝えしました。私が、10年間研究してわかったことなのですが、プライドを呼び覚ましているのは、だいたいが「不安」です。

たとえば、「ごめんね」と言えなかったり、自分の本音が言えなかったりするのは、じつはプライドが邪魔をしているからです。

このプライドを捨てられない原因は、不安にあります。

不安の理由を内観すると、不安の原因が見えてきます。

人によく見られたいから。

負けたくないから。

理想の自分ではないことが許せないから。


内観することはプライドが傷つくかもしれませんが、透視の大切なスタートです。

不安が積み重なりプライドでがちがちに固まると、プライドが「エゴ」に変わってしまいます。


「エゴ」とは、見栄を張る自己中心の生き方です。

私の鑑定のなかでも、クライアントさまの「エゴ」を取り除く作業が一番厄介です。

そうなる前に、不安を感じている自分を認めてあげるようにしましょう。


「不安を抱えたままの自分も、自分なんだ。それがいまの自分なんだ」

と受け入れ、取り繕うのをやめると、感じたままを受け止めることができるようになります。


たとえば、ハワイに行くと、人の目を気にしなくなり、不安に押しつぶされそうになっていた自分はどこへやら。

「風が気持ちいい〜」
「あったかい〜」
「海がキレイ〜」

と、笑顔になりますよね。誰もが、感じたままを受け止めることができる。プライドも不安もない自分を取り戻せるから、日本人のみなさんはハワイが好きな方が多いですよね。

ここで、風が気持ちいいからといって、「湿度が何パーセント、風速は何メートルで、風向きは……」なんて考えないですよね。

ただ「気持ちいい」と、感じたままを受け止めているときが、あなたのスピリチュアルなパワーがもっとも強くなっているとき。つまり、透視力が高まっているのです。

お花を見て、ただ「キレイ！」と思う感覚。これも同じですね。

「産地がどこどこの花で、値段がほかより倍以上するからキレイなんだ」なんて考えず、目の前で咲いているお花がキレイだと感じたら、ただ「キレイ！」でいいのです。

ピュアでいること。それが、透視力を使えるようになるコツです。

なかなかピュアになることが難しいと感じる方は、第3章でご紹介する「瞑想」や、先ほどご紹介した「浄化の方法」を実践すると、感覚を受け入れやすくなります。ぜひ実践してみてくださいね。

透視する人を選ぶことが大事

透視力が上がると、人を見る目がついてくる

本章の最後にお伝えしたいのが「誰を透視するか選びましょう」ということ。

一歩引いて相手を透視できるようになると、見たくないところが見えてしまったり、蓋をしていたところが開いてしまって、自分が落ち込んだり傷ついてしまうことがあるかもしれません。

大事なのは、

・つながっていたい人か

・つながりたくない人か

苦手でもつながっていたいなら、透視する価値や意味はあります。

しかし、そもそもつながっていたくない、関わりたくないという人なら透視はしないほうがいいかもしれません。

まずはご自身の直感力を使って、その相手と「つながっていたいかどうか」を判断しましょう。つながっていたくない人の本音をひっくり返したところで、あまりいい結果は得られないものです。

ですから、透視ビギナーの方は、一歩下がって、相手とつながっていたいかどうか、好きか嫌いかに焦点を絞ってみるといいかもしれません。

つながりたい相手かどうか、直感を働かせるのです。


相手を透視できるようになると、あなたに「助けてほしい」と思っている人のことも見えてくるようになります。

私はお仕事として透視をしていますから、クライアントさまとは一定の距離感を保ち、相手の心とつながるようにしています。

私はプライベートで必要なとき以外は、透視は使いません。「透視を使う必要のない人間関係」もあり、深入りをしないように心がけています。

透視を必要としない方に、お節介をやいてもお互いいいことがないケースもたくさんあります。相談という名の「ただの愚痴」もよくあります。友人や家族の愚痴は、神さまのスコープを使わずに肯定する気持ちで聞くとよいでしょう。

「助けてほしい！」と思っている人が見えるようになったとき、本当に助けを求めているのか、ただの愚痴なのかより分ける感覚も大切になります。そして、透視力を使わずに距離を置く強さを持ってほしいのです。そうしないと、あなた自身の人生にしわ寄せがきてしまうからです。

もし、ちょっと先の未来、つまり「私が助けたら、この人はどうなるか」という次のステージの透視までできると、最善を判断しやすくなります。

「この人は、ただ愚痴を言いたいだけで変わりたいわけではない」

「この人は、自分に依存して甘えているだけ」


そんな透視結果が見えたとき、「ごめんなさい」という強さを出すか、それとも、見捨てたくないから相手にとことん付き合うか、選択できるようになります。

あなたが愛のある人ゆえに、助けた相手から愛や運を吸われてしまうこともあるのです。

たとえ、あなたが相手を助け、実際に相手が感謝なく去っていったとしても、それはあなたの選択であることを忘れないでくださいね。

それが、人を透視するときの心構えです。

透視力を使うには、慣れる努力が必要かもしれません。

でも、それは最初だけ。慣れてくると、相手との関係も、人生も、必ず楽になりますよ。

早速、神さまのスコープを使っていきましょう。

第3章

神さまのスコープのトレーニング

透視力の磨き方

見えないエネルギーを視る方法

透視力を磨いていこう

すでにある透視力を発揮するためには、実践と練習が必要です。それが、神さまのスコープを錆びさせずに、ピカピカに磨くことになります。

「練習」と聞くと、気持ちが萎えたり、かまえたりしてしまうかもしれませんね。でも、難しく考えないでＯＫ。

リラックスしてご自分のペースでトレーニングしてくださいね。

私が開催している透視力を上げるための教室に、静岡県から参加された専業主婦の方がいました。

彼女はもともと敏感なタイプ。でも、透視力の使い方がわからなかったため、「私は友達から嫌われているんです」と、被害妄想に近い状態になっていたのです。

そこでまずは運気の流れを変えるため、働きに出ることを勧めたところ、彼女にピッタリな家具屋さんの仕事を見つけて働き始めました。

並行して透視力のトレーニングを続けると、まず亡くなった猫が、自分に感謝を伝えているのが見えるようになったそうです。そのうち、透視のなかでも上級者向けの、未来も透視できるようになりました。

コツコツと透視の練習をしたことで、彼女はご自身の力に目覚め、片付け収納術をマスターして起業し、現在、大活躍中です。彼女は仕事運が開花し、家族円満になり人生がポジティブな方向へと流れるようになりました。

この事例のように、透視は、トレーニングの積み重ねで必ず上達します。

その結果として、あなたらしく生きることができ、人生が楽になっていくはず。恋愛・結婚運、人間関係、仕事運と金運などの流れがよくなっていきますよ。

透視力を磨く瞑想トレーニング

無心になる瞑想トレーニング

透視力を磨くトレーニングの第1ステップが、「瞑想」です。

瞑想とは、心を静めて無心になること。

無心になろうとすると、怒りや不安などの感情や、心配ごとが湧いてきますよね。

じつはこれ、よいことなのです。なぜなら、自分を内観できるから。

「自分にはこんな怒りがあったんだ」

「こんなことで悩んでいたんだ」

と、心の状態を視ることができます。

このとき、内観の仕方も大切です。

たとえば、

「何を悩んでいるんだろう、イライラしているのは不安のせいなんだ。
何が不安なんだろう、お金がないことが一番不安。
でも、いまはお給料が上がらない。いまあるお金で上手にやっていこう。
そして、転職を考えるか、資格を取る努力をしよう。
転職サイトを見て、同時に資格も勉強しよう」

と、最後はポジティブになるように内観することを意識しましょう。
とことん内観して、もう自分ではこれ以上答えが出ないというところまで内観するとよいでしょう。

ネガティブ感情や悩みはいったん終わらせる

そして、ネガティブな感情や悩みが湧いてきたら、いったん終わらせるようにしましょう。終わらせるには、

「いま心配してもムダムダ！　はい、終わり！」

と、書類にハンコを押すように、サッと終わらせます。

人の悩みは尽きませんから、次々といろいろな感情や心配ごとが湧き出てくるでしょう。

そこで、瞑想中は、「呼吸に集中する」ことに意識を向けてみてください。

感情や悩みに気づいて、いったん終わらせることを繰り返しながらも、呼吸に意識を向けていると、少しずつ無心になることができます。

瞑想に慣れていない方は、「無心になるなんてできない！」と難しく思われるかもしれません。

誰もが無意識に呼吸ができているのですから、慣れてきたら瞑想もできるようになりますので、ご安心ください。

そして、悩みは尽きることがないのだから悩んでもムダなこともあるとわかると、不思議と心に静寂が訪れるようになります。

心が静まると、直感力が冴えてくるため、自動的に透視力が高まります。

ここでは、私がクライアントさまに行っている、２つの瞑想法をご紹介します。

１：心身の瞑想
２：光の瞑想

瞑想ビギナーの方は、「１：心身の瞑想」のみでも効果的です。

自己肯定感を高めて、透視ができる力をつけたい方は、「２：光の瞑想」も続けて行うことをオススメします。

それでは、始めてみましょう。

【1：心身の瞑想】

大きな深呼吸を3回しましょう。
両手で大きく3回手を叩きましょう。

首を右に3回、左に3回、まわしましょう。
腕を外に3回、内に3回、まわしましょう。
※肩や背中についている邪気を祓うイメージで、体を動かしましょう。

次に、約5分間、軽く目を閉じて、何も考えずに瞑想をします。
頭を空っぽにしてください。
心を軽くし、リラックスしてください。
このとき、深くゆっくり呼吸することに意識を向けましょう。

（所要時間：約5分）

【2：光の瞑想】

目を静かに閉じてください。
体をゆったりさせ、大きく深呼吸してください。
体のどこかに緊張を感じたら、力を抜いて空気を送り、リラックスしましょう。

胸の中に光の輪をイメージしてください。それは、癒やしの光の輪です。

その光の輪がだんだん大きく広がっていきます。
すると光の輪が体の痛みやストレスを取り去ってくれます。

体の部分、喉、胸、足、手などに抵抗を感じますか？
抵抗を感じたら、その部分に光の輪を広げてリラックスします。
そして、次のように唱えましょう（言葉にしてもしなくてもOK）。

「自分を許します」
「自分を好きになります」
「自分を信頼します」
「自分を癒やします」

そのほか、自分がくつろぐ優しく温かい浄化のメッセージを送りましょう。

ゆっくりと目を開けます。
目を開けたまま何も考えずにリラックスしましょう。
（所要時間：約10分）

「心身の瞑想」と「光の瞑想」

リラックスできる服装で、心を静めて、瞑想しよう

STEP1　心身の瞑想
心と体をリラックスさせ、一歩引いた目を持てる

▼

STEP2　光の瞑想
自己肯定感を高め、透視の質が向上する

透視しやすい状態がつくれる！

相手の心を透視する3つのトレーニング

それではここで、相手の心を透視するためのトレーニングとして、3つの方法をご紹介します。いつでもどこでも、簡単にできるトレーニングです。

続けていくうちに、観察力と直感力が冴えてくるので、自然と透視できるようになります。そして、円滑な人間関係を築くことができるように、自分の態度をコントロールしやすくなります。

では、始めていきましょう。

透視トレーニング1　「外見・仕草」から読み解く

まずは、相手の外見と仕草から、心の中を読み解いていきます。

ファッションは、そのときの心の状態や気分が現れやすいもの。相手は今日、どんな色の服装をしていますか？　また、派手な柄ものを着ていますか？

色や柄を見て、何を感じますか？　あなたが感じることは、ほぼ相手の気分に直結しています。

たとえば、ピンク系の服装の人は、優しい気持ちが溢れているとき。恋愛中の人も、ピンクを選びやすいものです。

そのほかの色から透視する例は、第4章でお伝えしますね。

電車に乗ると、特に冬場は約8割の人が黒い服を着ています。日本人の大半は、色選びが苦手ですよね。それは、あまり感情を表に出さないから。

反対に、ラテン系や欧州の人は、色使いが上手。感情表現が盛んで、デモを起こすことも多いですよね。

同じように、相手の仕草を観察することも、重要なトレーニングです。

腕組みをしている、足を組んでいる、テーブルを指で叩く……。

何気ない自然な仕草だからと、普段は意識していなかったかもしれません。

数分前まで目の前で話をしていた人が、どんな仕草をしていたか、覚えていますか？

そう、私たちは「意外と相手のことを見ていない」ものなのです。

仕草は、相手の心を読み解く大切な透視材料。相手の外見や仕草に意識を向けるようにすると、自然と「観察力」が身につきます。

これが相手の心を透視する第1段階。簡単かつ効果的なトレーニングです。

透視トレーニング2　「印象」から読み解く

次は、相手の「印象」から読み解くトレーニングです。このとき磨かれる力は、「直感力」です。

相手を前にしたとき、何を感じますか？　どんな印象を持ちますか？

疲れていますか？　イライラしている？

うわの空、または話したがっていますか？

幸せそう？　嬉しそうでしょうか？


それらを感覚的にとらえてみてください。

大事なのは考えるのではなく、感じること。透視力を高めるためには、自分のなかにある「常識」よりも、「直感」を重視することがポイントになります。

相手に対して、直感的に感じた印象は、だいたい当たっています。

ですから、相手に対して、最初に何を感じるか、毎回意識してみましょう。


どんなに偉い肩書きの相手であっても、「この人、嘘をつきそう……」という直感的な印象があるのなら、それを心のメモに書き留めておいてください。

「人の上に立つような偉い人なのだから、嘘つきなはずがない」というのは、あなたのなかにある常識。

それよりも、あなたが直感的に思った感覚はとても重要です。

最初の印象を大切にすること。

これは、透視に欠かせない、直感力を磨く習慣です。

印象から透視してみよう

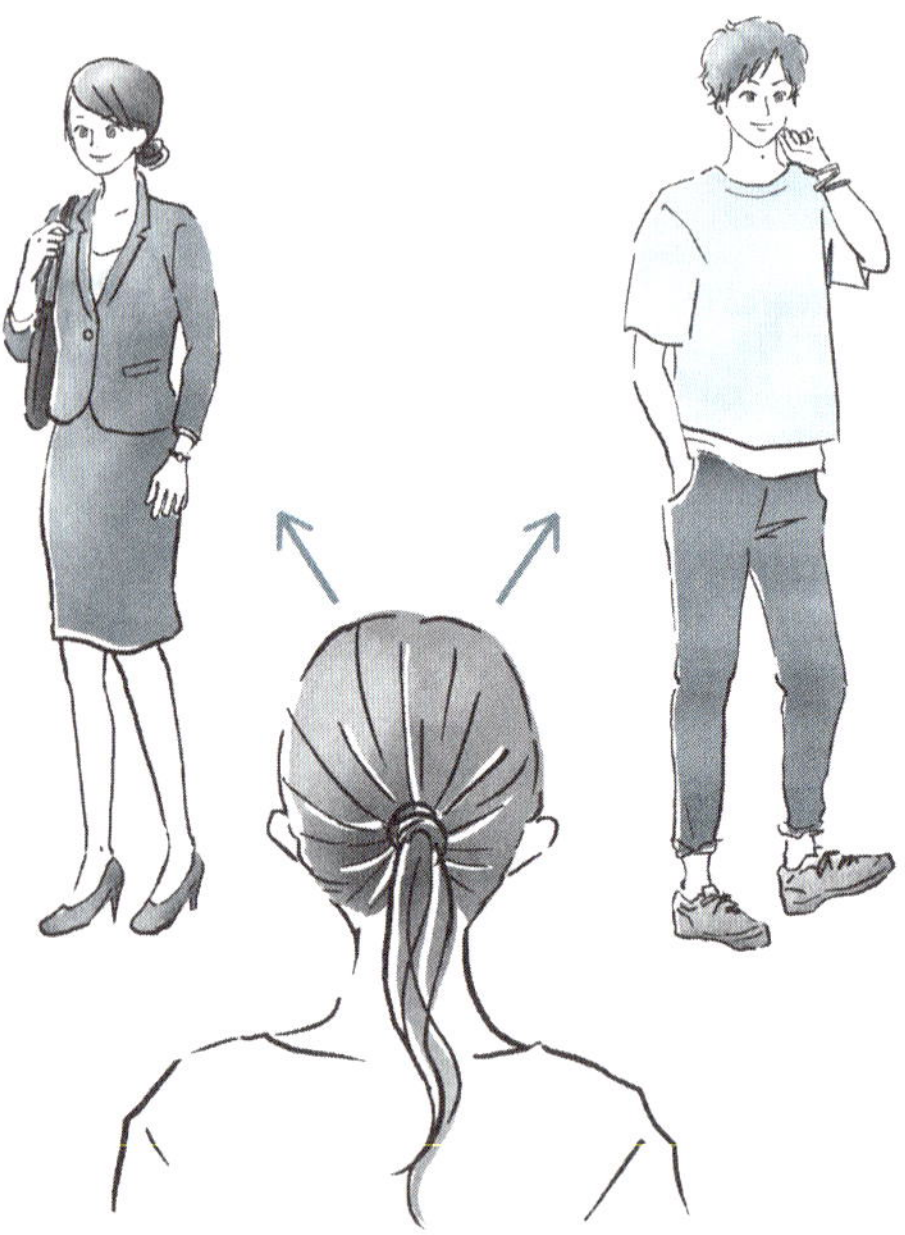

疲れているか、元気そうか
イライラしている、辛そうか
何の仕事をしていそうか
誠実そうかどうか……など。

感じたままの直感を大切にする

透視トレーニング3　「会話の話題」から読み解く

3つ目は、「会話の話題」から読み解くトレーニングです。

とても簡単ですが、相手の会話の内容が、肯定的または面白いか、それとも悪口や噂話が多いかを判断します。

前者はポジティブな気分の人。

後者は、ネガティブな気分の人です。

たとえば、あなたから話しかけた場合、ネガティブな答えが返ってきたとします。

そこであなたが面白い話に切り替えようとしても、ネガティブな会話をやめないとします。そのような人は、ネガティブな気分にまだ浸っていたいのだと見ることができます。

話題だけではなく、「相手の声から心を読み解く」こともできます。

ストレスが溜まっていたり、イライラしている女性は、声が高くなって耳に刺さるようなキンキン声として表れる傾向にあります。

逆に男性は、声が低く、重くなります。

相手の声をじっくり聞いて、いまこの人は本来の状態なのか、それともズレているかを感じる。

これは、観察力と直感力の両方を磨くトレーニングになります。

3つのトレーニングの透視事例

相手の心を透視するトレーニングとして、1から3の方法をお伝えしました。

トレーニングをしたあとの実際のリーディングについては第4章でお話ししますが、この3つを使うだけで、たとえ初対面の相手でも、次のようなコミュニケーションが簡単にできるようになります。

例を挙げましょう。

〈営業先の男性を訪問したときの例〉

1：外見・仕草　↓　相手がマスクをしている

2：印象　↓　元気そう

3：会話の話題　↓　あなた「花粉症ですか？」

男性「いいえ。じつは娘が風邪をひいていて、昨夜は看病していたので、万が一を考えてマスクをしているんです」

あなた「あぁ、そうでしたか。それは大変ですね。娘さんのことが心配でしょうし、睡眠不足ではないですか？」

男性「ええ、自分も眠れなくて……」

このように、相手への気遣いを示しながら、友好的なコミュニケーションを簡単にとることができます。

解説してみましょう。

1：マスクをしている　↓「風邪をひいているのかな？」と予測を立てる。

2：元気そう　↓風邪にしては元気そうだから、本人が風邪をひいているわけではなさそう。

3：「花粉症ですか？」　↓風邪ではないのにマスクをつけている理由を知るための、会話を切り出す。

1と2を使って透視すると、相手とスムーズなコミュニケーションがとれます。逆に透視ができないと、ちぐはぐな質問を投げかけてしまいます。

この例のように、はじめに投げかける質問次第で、相手の心が瞬時に開くかどうかが決まります。

仕事相手や、恋愛に発展させたい相手とのコミュニケーションにおいて、ここは重要なポイントですよね。

透視は、相手に共鳴してできるものでもあります。

ですから、1から3を使って、相手の心に寄り添って、透視のトレーニングをしてくださいね。

写真でできる透視トレーニング

「インスタグラム」を使った透視する練習

SNSは、立派な透視トレーニングツールです。

なかでも練習に最適なのが、写真共有アプリ「インスタグラム（以下、インスタ）」。

練習材料は、フォローしている友達や恋人でもいいですし、有名人でもOKです。

まず、透視したい相手がアップした写真を1枚選びます。

そして、「相手の心を透視するトレーニング方法」にそって、ひとつずつ透視してみましょう。

1の「外見・仕草」から、読み取ります。服装はどうですか？　何色のものを身につけていますか？　仕草はどうでしょう。

考えすぎず、感じたまま受け取りましょう。

次に2の「印象」へ移ります。写真に写るその人を見て、何を感じますか？

このとき、印象を言葉にして書き出したり、記憶したりするようにしましょう。

インスタの場合、3の「会話の話題」は投稿文から読み取ってみましょう。もし写真のみをアップしているものなら、会話の話題の透視は省いてOKです。

仮に、好きな男性がインスタにアップした自撮り写真から透視するとします。

＊

1：外見は、いつものこの人らしいおしゃれなファッション。前回会ったときより、髪が短くなっているな。

2：直感で感じる印象だと、髪がさっぱりしているから、気持ちもさっぱりしたいんだ。

3：投稿は写真のみで、説明の文もハッシュタグもついていない。ということは、きっとネガティブじゃない状態。写真だけをアップするのは潔い感じだから、彼も潔い気分なんだ。いま、何か新しいことを始めたい気分なんだろうな。お酒でも誘ってお話を聞いてみたら仲よくなれるかも！

＊

このように、1から3を順に読み解きながら、練習してみます。

インスタに自分の顔写真をあまりアップしていない人もいますよね。

特に、SNSを仕事のツールとして使っている人を透視したい場合は、顔写真の投稿がほぼないことを仕草として読み解きます。

たとえば、出張が多くてなかなか会えない彼を透視します。

新幹線や飛行機などの移動中の投稿写真が多いことを「1：仕草」として読み解きます。


「一生懸命仕事をしている姿は表に出してもいいけど、自分のプライベートを出したくない人なんだ。

直感的に思うのは、仕事をもっと認めてもらいたいのかな。「いいね」が少ないことに、悶々としている印象。

きっと仕事を評価されたいと思っているから、次に会ったとき、『アップしていたあの写真よかったよ！』と声をかけてみよう」

こうすると、相手はあなたに対して「自分のことをわかってくれる人」という安心感を抱いて、心をオープンにした関係を築くことができるでしょう。

また、有名人のインスタ写真はトレーニングしやすいですよ。プロのスタイリストやヘアメイクがついている場合もありますが、そんななかでも、1から3のトレーニングを順番に練習してみましょう。

観察力と直感力を働かせると、いつもと違う印象になります。

たとえば、「自然な笑顔だから写真が撮られた現場が楽しいのかな？」または「新しい仕事がうまくいっていて幸せなのかな」、などと透視できるようになります。

さらに、一緒に写っている人との関係性も、透視でわかります。尊敬し合っている間柄なのか、仲よしの人なのか。

トレーニング方法のなかでも、特に2の「印象」と3の「会話の話題」を意識すると、見えてくるでしょう。

有名人の写真でトレーニングする場合は、友達や恋人の写真などと違い、一歩引いた目線で見ますから、冷静に透視できます。

そして、もし透視が外れたとしても、直接誰かを傷つけたりしませんから、害はありません。ですから、繰り返し、繰り返し、たくさん練習してくださいね。回数を重ねるごとにつかめる情報量が多くなり、透視の精度が高まって楽しくなりますよ。

電車でできる透視トレーニング

隣にいる人の心の中を覗く練習法

相手の心を透視するトレーニングの実践として、あなたの隣にいる人を対象にしてみましょう。

たとえば、会社で隣の席になった人。電車で隣に立った人。

「隣の席と近すぎる！」「満員電車がイヤ！」と不満を溜めるのではなく、すべてに意味があることを認めて、その意味をキャッチしようとしてみる。それこそ、透視力です。

まずは、前述した、「相手の心を透視するトレーニング方法」の1から3を当てはめてみましょう。

1：「外見・仕草」から読み解く
2：「印象」から読み解く
3：「会話の話題」から読み解く

たとえば、オフィスでトレーニングをする場合を考えてみましょう。隣や前の席の人を透視するとします。
まずはその人の気分や感情をとらえてみましょう。ざっくりでかまいません。

その人は、今日は優しい気分でしょうか？
それともイライラしていますか？

その人の気分や感情を感じたら、その原因を感じ取ってみましょう。

イライラしているとしたら、その原因はなんでしょうか。その人から感じる情報をインスピレーションで受け取るイメージをしてみましょう。

会社では一日約8時間も近くにいるわけですから、ある程度、相手の情報をすでに持っていますよね。その人に当てはめてパターンをイメージしていきましょう。

あくまで例ですが、次のようなことが読み解けます。まずは「夫婦の不満を口にする上司」のケースです。

夫婦の不満を口にする上司のケース

1：「外見・仕草」から読み解く

↓アイロンがかかっていないワイシャツ。

2：「印象」から読み解く

↓機嫌にむらがあり、幸せそうではない。

3：「会話の話題」から読み解く

↓家庭の話をすると愚痴が出る。

透視結果

↓家庭がうまくいっていなくてイライラしているので、今日は企画書を提出しないでタイミングを見よう。

いかがでしょうか。このような透視結果が出てきたりします。

もちろん例なので、いろんな透視結果が出てくるはずです。ほかの例もご紹介しましょう。

子どもが生まれたばかりの後輩のケース

１：「外見・仕草」から読み解く

↓普段はお洒落な人なのに、洋服が整っていない。

２：「印象」から読み解く

↓いつもより眠そうにしている。

３：「会話の話題」から読み解く

↓まだ授乳が続いているなどの話が多い。

透視結果

↓子どもが夜泣き続きで寝不足気味。仕事はやる気はあるが、集中力が続かなそうなので単調な業務を任せよう。

彼氏ができた同僚のケース

1：「外見・仕草」から読み解く

↓ 女の子らしい明るい服装でウキウキしている。

2：「印象」から読み解く

↓ 恋愛が順調そうで仕事もやる気が出ている様子。

3：会話の話題から読み解く

↓ 彼からメールが来て嬉しそう。

透視結果

↓ 結婚してもお仕事を続けたいようなので、引き続き担当部門を任せられる。

その人の気分や状況を透視から読み解き、次にもっと深いイメージを当てはめてみましょう。回数を重ねるごとに、当たってくるようになりますよ。

他人がネガティブになる本当の理由

ある程度トレーニングを積んだら、相手がなぜ怒っているのか、どう行動してくるかを深掘りしてみましょう。

上司や同僚の機嫌が悪いときに「自分のせいかしら……」と不安に思ったり、「何、この人。感じ悪いわ」とトゲのある態度で接したりすると、ますます正確な透視ができません。

相手がネガティブになっている理由を透視できると、相手の事情を察することができます。私が神さまのスコープを使ってみると、八つ当たりされていることがほとんどなんですよ。

・家で嫌なことがあった
・恋人とうまくいってない
・お金を使いすぎて金欠

・思ったとおりに仕事が進んでいない
・寝不足、体調不良

など。

相手の心の中にスコープを当てると、「機嫌が悪くても、まぁいいか！」と、まわりに振り回されず、穏やかな心のまま過ごすことができますし、優しい態度で接することができるんですね。

その際、相手と同じ目線というより、一歩引いた、または高い視点から透視するように意識することがポイントです。

「どの場所を選ぶか」も透視する

電車では、隣に立った人や、隣か前に座っている人でトレーニングしてみましょう。

電車の場合は、外見や仕草、印象だけでなく、沿線や乗り降りする駅も透視材料になります。

「隣の男性、なかなかいいスーツを着ているわ。仕事できそう。スマホを操作しているけど、仕事のメールをしている感じ。あ、やっぱり『大手町（東京のビジネス街）』駅で降りた！　バリバリのビジネスマンだったのね」

こんなふうに、ゲーム感覚でトレーニングを積んでいくと、ぐんぐん透視力はアップしていきます。

乗り降りする駅もそうですし、お店や街にも、独自のエネルギーがあります。その場所に行くということは、その人がそのエネルギーに共鳴しているから。

透視した相手がいる「場所」も、強力な透視材料になります。

古代から風水があるように、「場所」にも意味があります。繁華街が好きな人、海や山、自然が好きな人、それぞれ心の中の状態が違うのです。

さらに、ディズニーランドのような平和なエネルギーの場所を訪れることで、相反する黒いエネルギー（オーラ）をまとった人が癒やされていることもあります。

場所それぞれのエネルギーも、透視力を高めるツールになるのです。


余談ですが、電車の中では、乗客のほとんどが疲れた表情をしていますよね。

でも、ふと視点を変えると、自分もその疲れている一員なんだ、と気づきます。

まわりの人は自分の映し鏡であり、同じ状態なんだと認識する。そして、自分はその状況から抜け出したいのか、内観して向き合うことができます。

ただ「今日も混んでる！　もうイヤ！」と、ストレスを溜めるのではなく、透視のトレーニングの機会だととらえると、楽しく過ごせるはず。また、結果的に自分の透視力も高まり、運気を上げることにつながりますよ。

直感力を磨く質問トレーニング

頭の声ではなく心の声で答える練習法

直感力が鋭いと、透視力も自動的に高まります。

ここで、直感力を高めるトレーニング法をお伝えしますね。

まず、自分を透視するつもりで、自分に質問をします。その答えを、直感で受け取ります。

そして、答えを掘り起こさずに、続けて質問をします。

それを繰り返すのです。

たとえば、こんな感じです。

(質問)「彼氏がいつできますか？」
(答え)「7月」
(質問)「どんな人ですか？」
(答え)「優しい人」
(質問)「どうすればいいですか？」
(答え)「いまのようなキツい態度じゃダメ。もっと笑顔で柔らかく」

このように、直感をフルに働かせて、次々と「質問→答え」を繰り返してください。答えは、そのつどすぐにメモをしておきましょう。

記録したら、忘れる。そして、次の質問へ。

ここで、答えを掘り下げてしまったり、気に入らない答えだからと却下したりしてしまうと、的中率は下がってしまいます。

「7月」という答えが降ってきたのに、
「いや、7月は入院する予定があるので、ちょっと……」

なんて思ってしまっては、もはや直感力は働かなくなってしまいますよね。もしかしたら、入院中に出会うチャンスがあるかもしれないのです。

直感を働かせて、どんどん質問して答えを受け取る。そのうち、日常的に心で受け取れるようになります。

難易度の高い自分自身への透視能力も高まりますから、ぜひ練習してくださいね。

エネルギー受信力を高めるトレーニング

宇宙からのメッセージをしっかり受け取る方法

繰り返しお伝えしていますが、透視力を使えるようになるには、日々のトレーニングを楽しんでください。

透視力とは、目に見えないエネルギーを感じる力です。難しく感じるかもしれませんが、スピリチュアルなエネルギーや、あなたへのメッセージを受け取るトレーニングをすると、グンと透視力は高まります。透視力が高まると運気がよくなりますよ。

ここからは、エネルギーやメッセージを受信する、簡単なトレーニング方法をお伝えします。

まずは、テレビやSNSから目に飛び込んできた映像・画像から受信するトレーニングです。

心を透視するトレーニングと同じように、観察力と直感力を使って、メッセージをキャッチしてみましょう。

テレビから流れてくる会話で、ある〝言葉〟にだけ反応することがあるかもしれません。それは、いまのあなたに必要な言葉。

もし「チョコレート」という言葉に反応したなら、

「チョコレートを食べたら元気になるよ！」

という、疲れているあなたへのメッセージかもしれません。

同じように、本や雑誌などをパラパラとめくって、目に飛び込んできた言葉を受け取ることも、受信力を高めるいいトレーニングになります。

また、スピリチュアルな世界が好きな方は、「エンジェルナンバー」という言葉を聞いたことがあると思います。

数字にはそれぞれ意味があり、ゾロ目や特定の数字を頻繁に見聞きするときは、それがあなたへのメッセージである、ということ。

数秘に関しては、第4章で詳しくお伝えしますが、数字があなたにメッセージを伝えていると意識すると、よりキャッチするアンテナが鋭くなるでしょう。


オラクルカードやタロットカードをお持ちの方は、カードを引いてメッセージを受け取る練習をしましょう。

カードが持つ意味をただ受け取るのではなく、絵柄や数字、色など、あなたが直感で感じたままを、メッセージとして受け取ります。直感力が冴えるようになりますので、とてもよいトレーニングになりますよ。

チャクラを開いて、透視力アップ！
クリスタルヒーリング

チャクラ×クリスタルの力が、透視力を引き出す

この章の最後に、トレーニングではなく、透視力を高めるオススメの方法をご紹介します。練習などではなく、さらに透視力を磨いていくための方法です。

それがチャクラを開くこと。

全身のチャクラを整えて開くと、神さまとつながります。

「チャクラ」とは、インドの古い叡智《えいち》であるヒーリング技法から説かれた概念で、人間のエネルギーの出入り口です。健康や活力の源ともいえます。チャクラが閉じていたり乱れたりしていると、心や体のバランスが崩れやすくなります。

透視力を高めるには、全身のチャクラ、特に「第三の目」である第6チャクラを開くことがとても大切です。第三の目は、目に見えないものを視る目であり、「透視は第三の目で視る」といっても過言ではありません。

各チャクラと共鳴する天然石

＊第7チャクラ（頭頂）

スピリチュアリティを司るチャクラ。開くと宇宙とつながり、霊感が強くなり、透視力が高まる。色は、紫と透明。

共鳴する石：アメジスト、スギライト、水晶

＊第6チャクラ（第三の目・眉間）

透視を司るチャクラ。第三の目が開くと、目に見えない世界を感じることができる。直感力、想像力、集中力を高めるチャクラ。色は、濃紺。

共鳴する石：ラピスラズリ、サファイア、紫フローライト

＊第5チャクラ（喉元）

言葉を司るチャクラ。喉や甲状腺に対応する。感情を表現する言葉や声、喜びなどコミュニケーションを高めるチャクラ。色は、水色。

共鳴する石：アクアマリン、ターコイズ、セレスタイト

＊第4チャクラ（ハート・胸の中央）

心を司るチャクラ。愛や許し、慈しみの心を感じる場所。良好な人間関係を築くために大切なチャクラ。クリエイティブ運も司る。色は、ピンクと緑。

共鳴する石：ローズクォーツ、インカローズ、ヒスイ

＊第3チャクラ（胃）

あらゆる消化器官を司るチャクラ。自尊心や感情をコントロールする場所。自分らしさ、自信を司る。色は、黄。

共鳴する石：シトリン、ルチルクォーツ、サンストーン

＊第2チャクラ（丹田・おへその下）

元気や金運を司るチャクラ。人生の喜び、楽しみを感じる力につながるチャクラ。生殖器に対応している場所。色は、黄、赤、オレンジ。

共鳴する石：オレンジメノウ、カーネリアン、オレンジカルサイト

＊第1チャクラ（尾てい骨）

生命力を司るチャクラ。生命力や情熱を感じる場所。安心感や現実的に生きる力を高めるチャクラ。色は、赤と黒。

共鳴する石：ルビー、ガーネット、タイガーアイ

＊第0チャクラ（足の裏）

グラウンディングを司るチャクラ。地球のエネルギーを受け取る場所。現実的な行動や均整のとれた状態に保つチャクラ。色は、黒。

共鳴する石：スモーキークォーツ、モリオン、ブラックトルマリン

チャクラの全体像

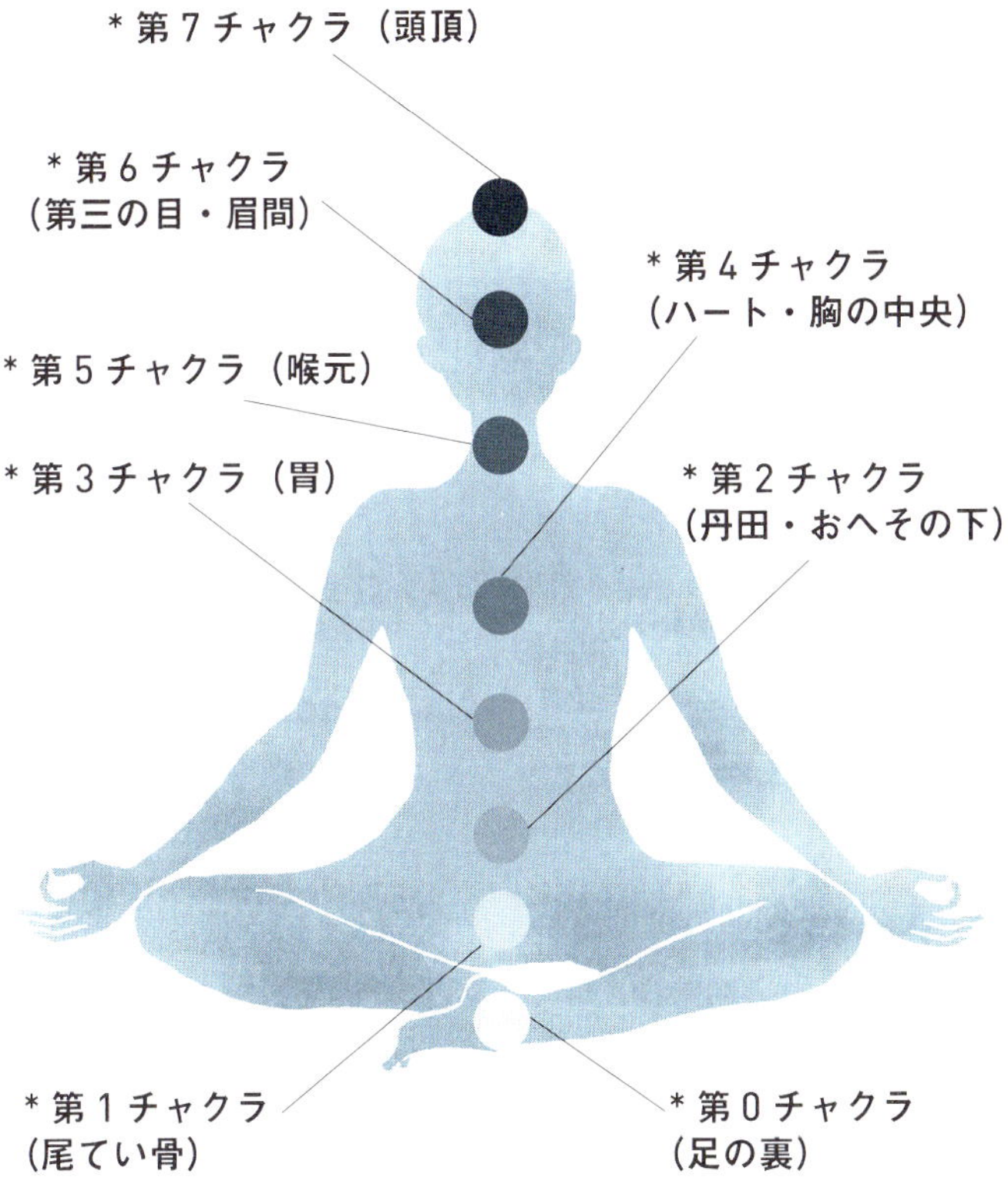

8つのチャクラはすべて大切

チャクラ×天然石の瞑想

チャクラを整えるには、瞑想が効果的。その際、天然石を使って瞑想をすると、エネルギーが共鳴して、チャクラがより素早く整って、開きます。

私自身、天然石に癒やされ、そしてパワーをもらって、日々透視をしています。天然石は、透視力を磨くトレーニングの前にも、実際に透視力を使うときにも、強力にサポートしてくれますよ。

エネルギーが高まっているときや、エネルギーが強い人は、原石がオススメ。逆に、気持ちが弱っていたり、優しさが欲しいときは、カービングされた加工石がオススメです。ブレスレットや、ハート形の石などがよいでしょう。

ここでは、チャクラ瞑想をご紹介します。

楽な姿勢で、天然石をチャクラの位置に置いて、瞑想してみてください。

チャクラ瞑想

チャクラを整えるために、呼吸を整えましょう。

4秒息を吐いて
4秒息を止めます。

4秒息を吸って
4秒息を止めます。

秒数はこだわらなくてもかまいません。
おおまかに息を吐いて、止めて、息を吸って、止めてを、繰り返しましょう。

すると、息を吐いたり吸ったりする感覚がはっきりします。

生きている感覚を取り戻せるのです。

そして、一つひとつのチャクラを感じてみましょう。

体がそれぞれ動いていることを感じると、チャクラが整ってきます。

各チャクラに、心の中で話しかけてみましょう。


「元気？」

「動き、鈍い？」

「疲れてるかな？」


好きな言葉をかけてみて、モヤモヤしていたり、黒いものを感じたりしたら、その部分を天然石で優しくなでて浄化をしましょう。


初心者の方は、水晶（クリスタル）から初めてみましょう。

水晶はチャクラのどの部分に置いても優しい浄化をしてくれますよ。

チャクラを意識して透視するコツ

クリスタルヒーリングで瞑想を終えたあと、グラウンディングをしていきます。グラウンディングとは、地球のエネルギーとつながることです。グラウンディングができると「現実的な」透視ができるようになります。

グラウンディングの方法は、第2チャクラ（丹田）→第1チャクラ（尾てい骨）→第0チャクラ（足の裏）に意識を向けて、エネルギーが下に降りていくイメージをしましょう。

おへその下の赤いエネルギーが足元に降りて、徐々に黒いエネルギーになり、地球に流れ出し浄化されていくような感覚です。

不安がお腹から足元へ流れたら、今度は地球からよいエネルギーを吸収しましょう。大きな木が地面に根をはるイメージを持ちましょう。グラウンディングができるよう

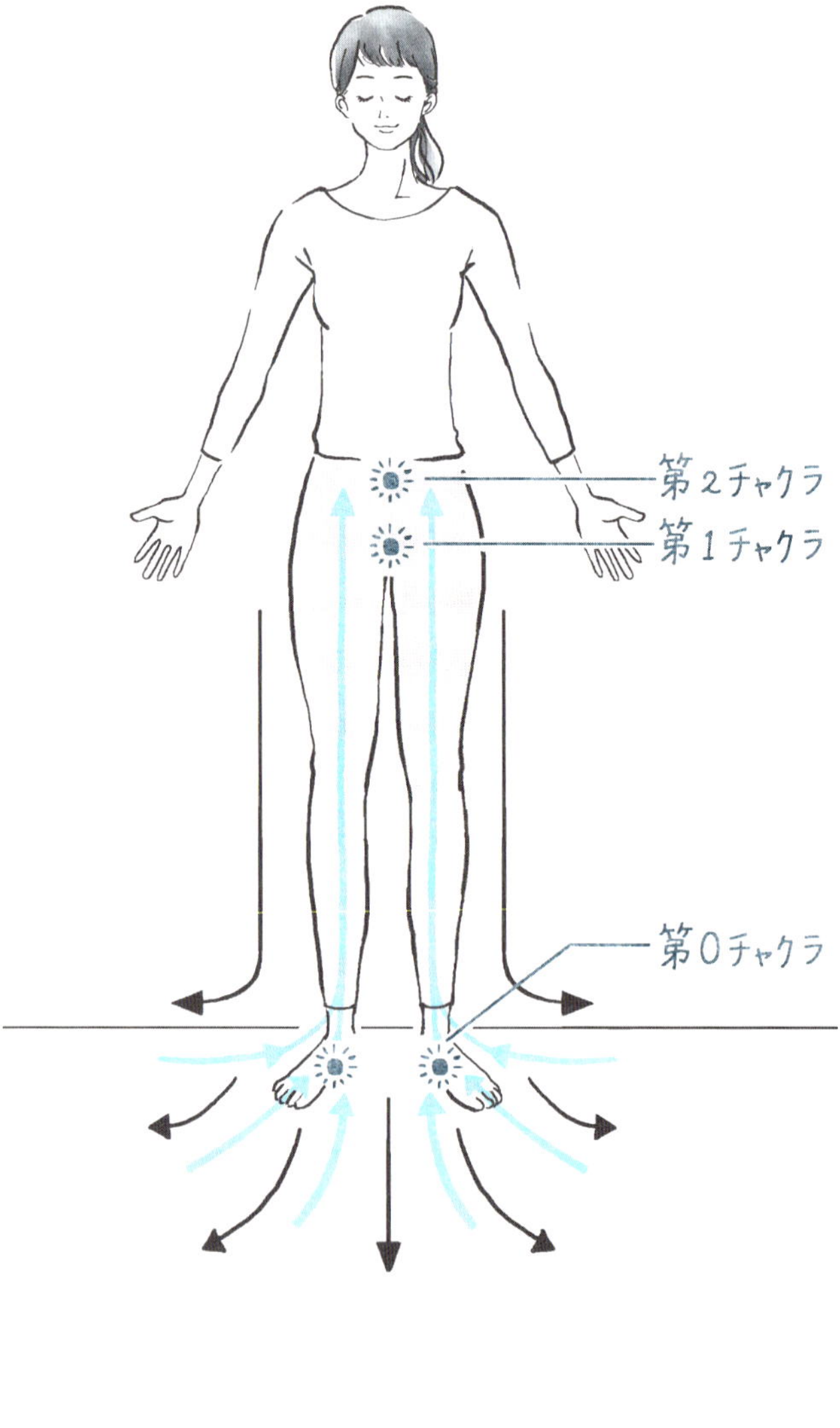
第2チャクラ
第1チャクラ
第0チャクラ

になると、体の中心に軸ができて、安定したエネルギー状態になれます。

横になっても、座っても立っていても、グラウンディングはできます。ふわふわ妄想の世界に入ってしまったときや、不安な気持ちでいっぱいになったときに深呼吸をしながらグラウンディングをして心を整えましょう。

透視をする前にグラウンディングをすると、的中率がぐっと上がりますよ！

宇宙とつながる練習

グラウンディングができたら、次は、宇宙とつながる練習をしましょう。

第7（頭頂）チャクラから宇宙とつながるイメージをします。

頭上の空間が開き、頭の中心から頭頂にかけて一本の線を描いてみましょう。宇宙とつながる線です。そして、頭頂から扉が開き、宇宙からすべてのエネルギーを受け取りましょう。ドラえもんの「どこでもドア」が頭の上にあり宇宙に向かって開いている無限の力のような感覚です。

イメージが持てたら、自分に質問をしましょう。たとえば、

「転職はいつするべきか」
「好きな人とお付き合いできるか」
「進学はどの道に進めばいいか」

すると、メッセージが降りてきます。

「9月に次の会社が見つかる」
「自分から気持ちを伝えたらうまくい

く」

「いまは焦らずに好きな勉強を続けると道が開ける」

気のせいと思わずに、メモを取っておきましょう。ノートや白い紙に降りてきたメッセージをどんどん書き込んでいくと心が落ち着き、雑然としていた質問の答えがパズルのようにつながっていきます。

直感力が高まっていることを信じることがとても大切です。

第６チャクラ「第三の目」の天然石トレーニング

さらに、透視力を高めたい方は、第三の目といわれる第6チャクラをトレーニングしましょう。眉間の上あたりにあり、「内なる目」ともいわれています。

まずは、軽く目を閉じ、眉間の間に意識を向けます。どんどん眉間の間の目が大きくなり、額いっぱいに広がっていくイメージをしましょう。

ラピスラズリという天然石を第三の目に置いたり、手のひらで握ったりしてもいいでしょう。

美しい青い色の宇宙空間をイメージして、第三の目から地球を見てください。そして、第三の目を使い、人の気持ちや未来を透視してみましょう。

直感力が冴えわたりますので、第三の目にしびれや疲労を感じたら、休憩しましょう。

大切なのは、見えたあとに「どう行動するか」です。

幸せな気持ちになれる方向へ進むことができたら運気が上がっていくでしょう。

第4章

心を透視する方法

神さまのスコープを使いこなそう

外見と仕草から透視するヒント

相手の心を透視して、どう読み解くか。ここからは、リーディング方法を身につけていきましょう。

外見からリーディングする

第3章で、心を透視するトレーニングとして、「外見・仕草」を観察するようにお伝えしました。

外見・仕草を読み取って、そこからどのようにリーディングができるでしょうか。

そして、どんなコミュニケーションをとると、よい人間関係が築けるでしょうか。

まずは、服装の色柄から、リーディングしてみましょう。

ピンク系の服装の人は、優しい気持ちに溢れているとき、と第3章で触れましたね。もし男性がピンクのシャツを着ていたら、恋愛を楽しんでいるんだな、と透視できます。

相手が黄色いアイテムを身につけていたら、エネルギーが高まり、やる気に満ちているとき。仕事の依頼やヘルプをお願いしても大丈夫、というサインです。

赤いヒールやスカートをはいていたり、ヒョウ柄を着ている女性は、何かに怒っていたり、イライラしやすく攻撃的なときなので、優しい態度で接したり、またはそっとしておくとよいでしょう。

そのほかの色では、白は清純さを表すため、結婚への決意、またグレーは不安な気持ちの表れと、リーディングできます。

派手な柄ものをまとっている人は、頭の中がグルグルしているサイン。心が乱れている場合もあるので、こちらが落ち着いた姿勢でいると、相手と冷静に向き合うことができるでしょう。

男性の場合は、いいシャツや革の靴、時計を身につけると、身が引き締まるという方も多いですね。そんな男性を見かけたら、勝負をかけたプレゼンの日なのかなと透視できます。

ちなみに、時計や車が好きな男性は、見栄っ張りで浮気性の傾向があります。そういう男性が、いまの時代、だんだんと減ってきていますよね。だから、日本は少子化が進んでいるのかもしれません。

時計と車好きな男性が減れば減るほど、獲物を狩りたいヒョウ柄の女性が増える。それが、社会のバランスなのでしょうね。

仕草からリーディングする

では、仕草からはどんなリーディングを導くことができるでしょうか。

代表例として、腕組みをしている人は、心の内を見せたくない表れ。秘めごとがあったり、相手とそこまで深い付き合いはしたくないと思っています。

良好な関係を築くには、まずは相手の心を開く必要があるため、腕組みを解くような会話をしましょう。

仕事や難しい話題ではなく、「あの映画、観ました?」など、その人が楽になりそうな会話を切り出すと、あっという間に腕組みは解けます。

相手が足を組んでいるときは、リラックスしていると読み取ります。

また、指でテーブルを叩く仕草をしている人は、すごく喋りたいという合図。貧乏ゆすりも同じです。そういう相手には、話したいことを聞き出すようにすると、会話が弾み、よいコミュニケーションがとれるでしょう。

メール・LINEなど文章で行う透視法

文章の意味を読むのではなく、感じて受け止める

プライベートでも仕事でも、現代人のコミュニケーションツールは、メールとLINEです（ここからはまとめて「メール」と表記します）。

相手からのメールをリーディングすると、相手の心を透視することができ、よい関係へと発展させていくことができるようになります。

また、相手の心を透視できると、どう返信したらよいかもわかるようになりますよ。

〈受信メール例〉

・行間や改行がないメール

ぎゅっと詰めてメールを送ってくる人は、イライラしていたり、怒ったりしていると透視できます。

・主語に「私」が多いメール

注目してもらいたい、という心の内の表れです。

・「ですます」調のメール

怒っているとき。特に、恋人との会話で出てきたら、要注意！

・いきなり要件から入るメール

忙しいとき。現代人は、挨拶もなし、または定型文の文言のみで要件に入ることが多いですが、忙しすぎて余裕がない証拠です。

・長文メール

感情をぶつけているとき。わかってもらいたい気持ちを募らせています。

このようなメールを受信すること、よくありますよね。受信して、相手の心を透視したら、ひと呼吸置いてから返信するようにしましょう。

たとえば、メールの冒頭に「お元気ですか？」「最近どう？」など、相手を気遣う文面を入れると、気持ちに余裕がある表れになり、いいエネルギーを相手に送ることができます。

すると、そのエネルギーを受け取った相手の心がオープンになり、あなたに「話をしたい！」と思ってくれるでしょう。

または、相手が怒っているなと透視できたら、優しい気持ちで「いつもお世話になっております。感謝しています」と送ると、あなたのエネルギーが相手に届くため、相手も優しい気持ちになってくれますよ。

ＬＩＮＥやＳＮＳでメッセージを送信するときは、絵文字やスタンプを使うことも多いですよね。

ニコニコマークや、丸い絵文字、ハートなど、丸い形のものを送ると、文章全体が柔らかくなり、温かいエネルギーをメールに乗せて循環できます。

逆に、星マークやビックリマーク、尖った絵文字は、キツい印象を与えてしまいます。漢字もそう。運気のよい人は、わざとひらがなに変換して、字が丸くなるように送っていたりするのです。

メールから心をリーディングして、たとえ相手がイライラしているとわかっても、相手を責めるのではなく、一歩下がって相手が落ち着くのを待ってあげるようにしましょう。

そして、あなたのほうから、柔らかくて優しいハートを、メールに乗せて送るようにしましょう。

そうすると、運気が上昇して、恋愛も仕事もうまくいきますよ。

メールは「自分なら」ではなく、「心を感じる」

「でもね、しずくさん！　相手に〝既読スルー〟されると、すごく不安になるし、待てないんです！」

こういう話を、私はクライアントさまからたくさん聞きます。

第1章でも触れましたが、LINEの既読システムで悩む女性は、本当にたくさんいます。そういう女性は口を揃えて、こう言います。

「自分だったら、読んだらすぐに返信するのに」

そう、〝自分〟基準で考えてしまうのです。

そして、相手が恋人や好きな人、仕事関係の人だった場合は「不安」に変わり、相手が女友達や同僚の場合は「怒り」に変わる……。

もしここで透視ができたら、不安も怒りも抱くことなく、感情を落ち着けたまま、リラックスして相手と向き合うことができます。

相手のメールから、どんなリーディングができますか？
直感的に、相手はいまどんな状況にいると感じますか？
相手のインスタ投稿から、何が透視できますか？

これらを意識して、冷静になって透視をするために相手と向き合うと、返信できないくらい忙しいいんだ、いまは手が離せないいんだ、仕事のことで頭がいっぱいなんだ、異性を思いやる余裕がないんだ……などと、リーディングすることができるでしょう。
それでも不安や怒りが収まらない場合は、相手の状況や、スマホを触れない環境をイメージしてみましょう。

相手にも相手の状況や気持ちがあることを理解する。これも、透視力を高めるためのトレーニングを積むことで、自然とできるようになります。

ちなみに、この透視リーディングの方法は、相手のインスタにも当てはめることができます。

好きな彼が会社帰りに仲間と飲んでいる写真をインスタにアップしていて、「楽しそう」と直感で感じたら、メールするタイミング。

「いい仲間だね！」などとコメントしたり、DMを送ると、いい反応の返事が返ってきます。

間違っても、「私に会う暇はないのに、飲み会に行く時間はあるんだ……」なんて思ってしまう、こじらせ女子にならないでくださいね！

相手がいまどんな状況なのか、どんな立場なのかを透視すると、彼といい関係を築くための行動が見えてきますよ。

LINEで悩む恋愛中の女性たちには、ぜひ男性の心の透視をしてもらいたいなと思っています。

男性のなかには、「『既読スルー＝終わり』と解釈してほしい」と思っている人もいます。女性としては、「おやすみ」とか、「ありがとう」など一言欲しいものですよね。その一言に愛情を感じたり、付き合っている度合いを測ったりするもの。けれど、男性は、「返信しないことで気持ちを読み取ってもらえる」と思っている人も多いのです。

女性は、「深読みしていい結果を導きたい」という脳の持ち主です。それに対して、男性は悪気はないのですが、面倒くさいと思う人が多いのではないでしょうか。

ですから、深読みしすぎてこじらせる前に、冷静に直感を働かせて、透視してから行動するようにしましょう。

オーラから心を透視する方法

相手の感情を色に変えて受け取る

「オーラ」という言葉は、みなさん聞いたことがあると思います。「あの人のオーラはすごい」なんて表現を使いますよね。

オーラとは、エネルギーです。エネルギーは感情によって変化し、エネルギー量によって現実で起こることが引き寄せられます。これは、宇宙の法則ですので、誰にでも当てはまることです。

ですから、私たちは誰でもオーラを持っていて、エネルギーに比例して色や大きさが変化します。
じつは、透視力を使うと、人のオーラを感じられるようになります。

オーラを透視するとは、相手の感情に「色」をつけるイメージの練習。
実際、感情に色がついているわけではありませんので、感情を「概念」ととらえます。

みなさんはすでに、雰囲気で感情の色を感じているはずです。
ですから、ご自身のなかで、感情の色を決めてみてください。
たとえば、

・赤＝怒り
・ピンク＝喜び
・水色＝悲しみ
・グレー＝不安
・黄＝やる気

などです。人によっては、オレンジ色を怒りと感じるかもしれません。もちろん、それでＯＫ！　ご自分で感じる感覚を大切にしてくださいね。

オーラを透視するには、少し練習が必要です。では、ここで練習してみましょう。

１：透視する相手をイメージして、軽く目をつぶりましょう。
２：浮かんだ色のイメージを書き留めましょう。意外な色でもＯＫ。あなたの直感力を信じましょう。
３：もっと深く相手のなかに入り込み、オーラを感じましょう。ほかの色が浮かんできたら、最初の色と比べてみましょう。

4：オーラの強弱（サイズ感）も感じてみましょう。

オーラが見えるときは、相手の体のまわりにベールのようなものがかかっているように見えるかもしれません。

色だけが、ぼーっと取り巻いているかもしれませんし、形になって見えるかもしれません。

どれも正解、それはオーラです。

1から4の順序で何度も繰り返し練習して、見えたオーラのデータをとってみましょう。

オーラの色は変化する

データを集めるために、テレビやSNSで練習するのもオススメです。

怒っているキャラの芸能人のオーラが、何色に見えるか、大きさはどのくらいか、ぜひ何度か試してみてください。

色は、人によって表現がバラバラです。

ピンク寄りの赤を「赤」と感じる人もいれば、黒が入った赤を「赤」と感じる人もいます。「DIC何番（色見本の番号）じゃないとダメ！」なんて指定はありませんので、安心してくださいね。

次第に、あなたなりの感情の色を特定できるようになるでしょう。


オーラの色は、そのときの気分や感情で変わります。オーラの大きさも、エネルギー量により大きく広がったり、小さく消えそうになったりします。


もし「赤」を怒りの色と決めて、相手のオーラから赤を感じたとします。

赤い相手に反論してしまうと、赤のオーラがよりブワ～と大きくなってしまいます。

相手のオーラが穏やかに落ち着くまで話を聞いてあげたり、収まるまで待ってあげたりするのも優しさですよ。

あまりに赤や黒いオーラが広がっているときは、近寄らず逃げることも得策です。

相手のオーラに同調すると、心がつながりやすくなる

相手とよい関係を築くためには、相手のオーラの色に同調してあげるといいです。落ち込んでいて黒いオーラを放っている相手と会うとき、あなたが黄色い服を着ていたら、相手は疲れてしまうでしょう。そんなときは、相手に合わせて黒いものを身につけたりすると、相手から好かれます。

わかりやすい話が、お葬式にピンクの服は着ませんよね。おめでたい結婚式に、全身黒い装いで参加すると暗い気持ちになるので、意識して明るめの色の服を選ぶ。これも、相手に色で同調していることになります。

オーラの大きさ、強弱も、透視には大切な要素です。

相手の体のまわりから、何センチくらいオーラが広がっているか、またはどのくらいの薄さかを、観察して、データをとってください。データが集まると、強弱の目安がわかってくるはずです。

自分が強い気持ちのときは、オーラが大きく広がっていますが、弱っている人にとっては強いオーラの人は疲れてしまいます。

もし相手のオーラが強く出ていたら、あなたも相手に合わせるといいでしょう。相手のオーラが弱っていたら、それに合わせてあげるのも優しい気遣いです。


オーラを透視することに慣れるまでは、難しいと感じてしまうかもしれませんね。透視が上達するポイントは、あなたが感じたまま、相手のストーリーを描いてみること。オーラの色や強弱の見極めは、ご自分で何度か透視をして、集めたデータを信頼してください。

あなたが直感で得た情報は、正しい透視なのですから。

これは相手への透視ではありませんが、仕事帰りで気持ちが高ぶっているときは、オーラが広がっていますから、まわりの人がそのオーラの強さに萎縮してしまうこともあります。仕事帰りに人と会うときは、ひと呼吸置いて、オーラを鎮めるイメージをしてみるのがオススメです。

魂の色を視ることについて

私たちには、生まれ持ったもともとの魂の色というものがあります。

魂の色は、育った環境や親からの愛情、前世からの課題などが要因となって決まります。

たとえば、魂の内側はピンクなのに、いまのオーラはグレーというときもあります。

それが透視できたら、「いまは何か不安な要素を抱えているだけで、本来はピンクが示す喜びの魂の人なのだ」と認識して、相手が持つピンクのオーラを広げられるようにしてあげる。

そうすると、その人の不安な感情が消えていきます。

ただ、魂の色を視るのは、なかなか高度な透視力が必要です。相手が内面の深いところに鍵をかけている場合も多く、こじ開けるのはお互いにとってしんどい作業です。

辛くなってしまったり、疑いの気持ちが湧いてきたりしたら、いい透視はできません。ここでは相手のその日のオーラを透視するようにしましょう。

オーラの形から透視する

オーラを透視すると、オーラ自体に形があったり、相手がなんとなく形のイメージで見えたりすることもあるでしょう。

形からも、リーディングはできます。

丸は、優しい心の表れです。相手のオーラが、丸い形で見えたときは、相手はいま、優しい気分に満ちているのでしょう。

トゲトゲしい形で見えたら、自律神経が休まっていないのかもしれません。

小さいお子さんが熱を出したりして具合が悪いとき、トゲトゲが出ています。すると、隣にいて看病している親にそのトゲトゲが刺さり、親は心配でゆっくり休めませんよね。親にもトゲトゲオーラが移ったり、あるいは落ち込んでしまって黒いベールを覆っているように見えるかもしれません。

ちなみに、オーラも感情と同様に、人に伝染しやすいので、体や心が弱っているときは気をつけましょう。

「メール・LINEからリーディング」の項目でもお伝えしましたが、相手とハートが温まるような関係を築くには、丸い形を意識してみましょう。

丸い絵文字やスタンプ、丸いお菓子、相手が子どもならアンパンマンのような丸いキャラクターなど。

尖っていたオーラが、まあるい形に変わっていきますよ。

誕生日から相手を透視する方法

生まれた日は魔法の数字

私は相談に対して、数術と生まれ月が示す意味を加味して、透視しています。

恋愛や職場だけでなく、すべての人間関係をよりよくしていくには、相手がどんな性質を持った人なのか、理解できると楽ですよね。

そのためには、誕生日から相手を透視する方法がオススメです。

まずは、数秘からお伝えします。生まれ日を当てはめてみてくださいね。

2桁の場合は、両方の数術の力を持った運勢です。

たとえば、18日生まれの方は、「1」と「8」の性質を持っています。

１：リーダー、物事の始まり、常識的
２：思いやり、芸術的才能、女性性
３：楽観的、社交的、自主性
４：聡明、正義感、安心感
５：アクティブ、知的、ポジティブ
６：完璧主義、空気を読む、温かい
７：信頼、職人肌、意見を言う
８：明るい、人を率いる、向上心
９：スピリチュアル、公正、献身的
０：無限のエネルギー、許し、物質的でないことを感じる

続いて、生まれ月から読み解くメッセージです。

日本は四季折々の楽しみができる国。生まれた季節により、生まれ持った気質や性格があります。それぞれのタイプを見ていきましょう。

[１月]
タイプ：勤勉、忍耐強い、寂しがり屋、春に向けて蓄えるように真面目な性格。
誕生石：ガーネット

[２月]
タイプ：想像力豊か、負けず嫌い、ロマンティスト、好奇心旺盛で明るい性格。
誕生石：アメジスト

[３月]
タイプ：愛嬌がいい、ソフトな物腰、心が優しい、人当たりがよく甘え上手な性格。
誕生石：アクアマリン

［４月］
タイプ：保守的、真面目、愛情深い、優しくサバサバした性格。
誕生石：ダイヤモンド

［５月］
タイプ：社交的、人の気持ちに敏感、探求心がある、礼儀正しくマイペースな性格。
誕生石：エメラルド

［６月］
タイプ：直感力が高い、繊細、神秘的、勘が鋭く努力家な性格。
誕生石：ムーンストーン

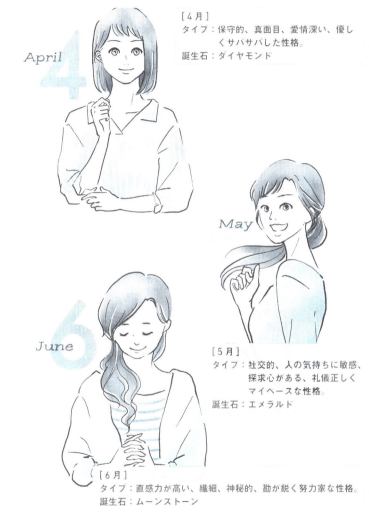

［7月］
タイプ：外交的、冒険好き、粘り強い、誰とでも仲よくなれる面倒見のよい性格。
誕生石：ルビー

［8月］
タイプ：リーダー気質、陽気、信念がある、新しいことが大好きでしっかりした性格。
誕生石：ペリドット

［9月］
タイプ：ロマンティスト、センスがある、思考力が高い、意志が強く几帳面な性格。
誕生石：サファイア

［10月］
タイプ：愛情深い、意志が強い、真面目、誰にでも公平に優しく社交的な性格。
誕生石：オパール

［11月］
タイプ：率直、独立心旺盛、さっぱりしている、義理人情に厚く純粋な性格。
誕生石：シトリン

［12月］
タイプ：客観的、知的、愛情表現豊か、柔軟性があり一生懸命な性格。
誕生石：ラピスラズリ

誕生日から透視するときは、直感力を働かせながら、数術の情報を組み合わせてみましょう。

そうすると、相手の本質が見えてきますよ。

神さまと会話する方法

宇宙からのメッセージを意識的に受け取る

あなたは神さまと会話してみたいですか？

神さまのスコープを持っているあなたは、方法さえつかめば神さまと会話できます。

私にとって神さまは、「宇宙」のイメージです。壮大ですが、もっと身近だと、絶対的な愛の存在である「お母さん」に近いものといえます。

神さまと会話をすることは、宇宙からテレパシーを受け取ることと同じだと思ってください。

意識してあなたからどんどん話しかけると、神さまは答えてくれますよ。

次のように会話してみましょう。

1：神さま（宇宙）に、感謝を伝えます。
2：素直な気持ちで質問します。
3：頭頂のチャクラを開き、宇宙とつながる意識（145ページ参照）をして、声やテレパシーを受け取りましょう。

ここで大切なのが、「素直な気持ち」。神さまが話してくれた言葉を、素直に受け取ってみてください。

たとえば、こんなふうに会話します。

「神さま、去年はたくさんの幸せをありがとうございました。おかげさまで、元気に過ごすことができました。
どうやったら恋人ができますか？」

（言葉が頭に降りてきます）

神さま「もっと女らしく」

ここで、「えっ⁉　最近、美容をサボっていることが自分でも気になっていたから、そう思いついただけなのでは？」なんて考えてしまい、降ってきた言葉を素直に受け取らないと、神さまからのせっかくの言葉を逃してしまいます。

素直に受け取って、自分の行動を変えてみる。

髪形をイメチェンしてみたら、自信がついておしゃれも楽しくなり、男性との飲み会も笑顔で過ごせて、恋愛運がアップ！

こんな展開が起こるようになります。

言葉が降りてこない人はどうする？

この方法を実践しても、言葉が降りてこないという人もいるかもしれません。

言葉ではなくイメージが浮かんだ場合、そこから意図を心で受け取ってください。

ＣＭや映画のような映像をイメージして、メッセージを受け取る感覚です。
それが難しければ、やはり言葉を受け取るほうがわかりやすいかもしれません。
言葉がどうしても出てこないなら、質問を変えてみましょう。

「どうすれば恋人ができますか？」

ではなく、

「恋人ができるためには、私は何をすればいいですか」
「運命の人と出会いたいのですが、何が足りないでしょうか」

など、質問を変えてみると、言葉が受け取りやすくなります。

それでも難しいときは、タロットカードやエンジェルカードなどを使ってみたり、本や雑誌をパラパラと質問しながらめくり、目にとまった単語に宇宙からのメッセージがこめられていたりします。どんなことからでもキャッチできるように練習してみてくださいね。

神さまはいつだって、あなたに話しかけてくれています。

透視力を磨いてきたあなたは、神さまからの声を受け取りやすくなっていますから、自信を持ってやってみましょう。

神さまとの会話は、慣れると簡単にできるようになります。難しく考えないで大丈夫です。最初はできなくても、続けていくとキャッチできるようになります。

神社や教会、場の雰囲気がいい、いわゆるパワースポットには、神さまと会話しやすい波動（エネルギー）が流れていますので、ここは波動がいいなと感じられたら、神さまと会話してみてください。

神さまと会話をすると、孤独を感じなくなったり、守られているような温かい気持ちが溢れてきたりするはずですよ。

第5章

いい人間関係だけを引き寄せるコツ

透視したあとの人との付き合い方

人の透視をしたら、実践するべきこと

「優しい言葉」で確認しよう

ここまでお伝えしてきた透視の方法を実践したら、ぜひみなさんにしていただきたいことがあります。

それは、

相手に言葉で確認すること

です。

このとき、気をつけたいことが、「優しい言葉」で確認することです。

「透視＝決めつけ・押しつけ」にならないようにする必要があります。だから、優しい言葉で、相手に投げかけてほしいのです。

たとえば、朝から機嫌の悪い上司を透視して、

「奥さんと朝ケンカしたから、イライラしているんだな……」

と見えたら、「コーヒーが飲みたいはずだ」と決めつけて、

「はい、コーヒー」

と、ドンと出してしまうのではなく、

「コーヒー飲みますか？」

と、上司に優しく聞いてから出すようにしましょう。

そうすると相手の心は、「自分の望みを聞いてくれた」と、喜びの気分になるので、よい波動の連鎖になっていきます。

別の例では、仕事でヘトヘトに疲れていて、恋愛に気持ちが向いていない男性に対して、透視して彼が好きなことに誘導してあげることができます。

アウトドアが好きという透視結果が出たからといって、キャンプに行きたいはずだと決めつけずに、

「キャンプ好き？　アウトドアブランドがセールしているらしいけど、行かない？」

と、まずは優しく質問してみましょう。

「キャンプ好きでしょ！　じゃあ、明日キャンプに行こう！」

と、相手に投げかけもせずに決めつけてしまうと、相手はイラっとしてしまいます。

このように、透視をしたら、質問形式で相手に確認してみましょう。

そして、相手の望みや気持ちを受け止めるのです。

例で挙げたように、いま、コーヒーが飲みたいか、買い物へ行きたいか、どうしたいのか相手の気持ちを聞くことにより、エネルギーがよい方向へと流れ出します。

透視ができるようになると、透視結果が当たっているからこそ、相手に拒否される

ことがあるかもしれません。

図星なときほど、「違うよ！」と否定したくなるのが人間というもの。

そんなときも、相手に口調を合わせるのではなく、自分は常に柔らかい言葉で相手に投げかけるように意識すると、自分の運気も上がります。

相手に優しさを持って、質問を投げかけること。

これは、透視がうまくいく秘訣でもあるのです。

不安要素を確認して、未来をシミュレーションする

透視で未来をシミュレーションしよう

相手を透視して、相手のエネルギーに合わせると、その人との関係を築くうえで、不安に思う要素が浮かんでくるかもしれません。

たとえば、Aさんは結婚したいと願っているけれど、出会った男性は一生結婚する気がない、と透視した場合。ここで、彼との関係では「結婚できない」という不安要素が浮き彫りになります。

ここで、もしAさんが「いま彼といて楽しいから、まあいっか！」と、不安に蓋をして、そのまま付かず離れずの関係を続けてしまうと、婚期を逃してしまうかもしれ

ません。

不安要素があがったら、次にしたいのが、「未来をシミュレーションする」ことです。

Aさんが、その男性とこのまま関係を継続させていって、結婚しない生活をしている一歩先の未来の自分をイメージしたときに、どう思うでしょう？

もし「ハッピーな自分じゃない！」と気づいたら、その関係をどうすべきか、結論が出ますよね。

DV男と結婚してしまう女性も、透視をして関係性を発展させることができたら、人生をよい方向へ向かわせることができるのかもしれません。

相手のエネルギーに自分を合わせてみたとき、彼は普段は優しいし、我慢できるけれど、爆発しちゃうとDVになってしまう。

ここで女性が彼との関係における不安要素ときちんと向き合えたら、ネガティブな面を把握することができます。

でも、結婚したい、という強い気持ちが邪念となってしまい、相手のいいところだけを見ようとすると、不安要素がかき消されてしまいます。

じゃあ、ときどきDVをしてしまう彼と一緒になった未来は、どうなのだろう。そうシミュレーションしたときに、「キツいかな」という未来がイメージできます。

「彼は、いつか治るのか？」とシミュレーションしても、「治る」というのは自分のポジティブな願いであって、彼自身はずっとこのままだろう、という未来が見える。

そのようにして、「じゃあどうするべきか？」という結論を導くことができるのです。

実際の恋愛相談の未来

クライアントさまへの鑑定でも、透視したあと、この方法にそって、関係性のご提案をさせていただいています。

事例を挙げてみましょう。

恋愛に悩む若い女性が相談に来られました。

まず、第4章でご紹介した数術をもちいて、彼女の生年月日と気になる男性の生年月日から、二人の相性を透視しました。

すると、男性は絵に描いたような〝いい人〟。でも、この女性は芯が強く、頑固でワガママなタイプ。

この男性にエネルギーを合わせてみると、彼女の頑固さに耐えるのはキツそうでした。

この関係における不安要素は、「彼が、彼女のワガママに耐えられるか」です。いまはまだ、彼にワガママな本性はバレていないけれど、お付き合いを始めたら、いつかバレるでしょう。

そこで、彼女と一緒に、二人の未来をシミュレーションします。

「彼はあなたの本性に耐えられると思う？　それとも、あなたが彼のために我慢をして猫をかぶっていられる？」

するとこの女性は、

「彼はワガママに耐えられないと思うし、私、猫をかぶるなんて無理です。爆発しちゃう！」

と、未来をイメージすることができました。

「それなら、ほかに気になる男性はいないの？」

と聞くと、

「じつは、もうひとり、いいなと思う人がいて……」

とのこと。

透視の結果、後者の男性との相性がいいことが判明し、この女性は幸運へと方向転換することができました。

＊＊＊

相手との関係は、会社との関係性に置き換えることもできます。

鑑定に来られた30代の女性は、会社勤めでバリバリ働いていましたが、疲れきっていました。

そこで、会社の未来を透視してみると、「毎日12時近くまで残業しているけれど、今後も会社の体制は変わらない」ということが透視できました。

ここでの不安要素は、「何歳までこの生活が続くの？　このままここで、キャリアを積んでいいの？」ということ。

そこで、一緒に未来をシミュレーションしたところ、「毎日夜中まで働いていたら、お嫁に行けない！　キャリアを積んでも、このままだったらハッピーじゃない！」

と、彼女は目が覚めて、転職への勇気をつかむことができました。

その相手と自分の心をつなげる必要があるの？

透視から発展させて、相手との未来までシミュレーションするわけですから、透視をする相手を選ぶことも大切です。

なぜなら、相手のエネルギーに合わせるため、あなたがそのエネルギーを受けて疲れてしまう場合があるからです。

むやみに透視をするのではなく、自分のよい人間関係に関わる相手だけを透視するようにしましょう。

それが、あなたの心を守ることにもなるのです。


この章でお伝えした、透視を発展させる方法（相手のエネルギーに合わせて、不安要素を確認して、未来をシミュレーションする）によって導かれた結論次第では、関係性を切る必要がある場合もあります。

または、相手にとっていいタイミングが訪れるまで、関係に距離を置くことがベストのときもあります。

断り下手な日本人にとって、相手との関係を終わりにすることは試練のように思えるかもしれません。

または、相手と距離感を保てず、すべてオープンにした結果、裏切られたなんて経験があるでしょうか？

ここで、もし一歩先の透視ができれば、いい人間関係だけを築くことができますし、楽な人生を送ることができます。

相手との未来を透視すると、相手の心と自分の心をつなげてもいいかどうかが、わかるようになります。

そうすると、相手と適度な距離感をとることができ、ずっといい関係を築いていくことができるのです。

人脈が広くて、友達が多い人のなかには、無意識に透視をして相手との距離感を上手に保っている人が多くいます。

相手の状況や心を読むことができないと、グイグイと押してしまったり、傷つけてしまったりする。

透視ができると、相手を誘うのにいいタイミングを読むこともできますし、

「この人は、いまだったら断ってもかまわない」

とわかるので、断り上手になることができます。

それができると、お互いとても楽で友好的な関係を築けますよ。

日本では、「八方美人」はネガティブな意味でとらえられることが多いですよね。

でも、私はこの言葉が好きです。

なぜって、相手によって態度を変えられるということは、透視力がある証拠だから。大人の社会で生きていくには、ある程度、八方美人でいたほうが自分も相手も楽になれるからです。

あなたが、相手によって態度や距離感を変えられるようになったら、透視力が高まった証拠。その能力を使って、運気をどんどん上げて、いい人間関係を引き寄せていきましょう。

透視で人間関係を克服する4つのパターン

私たちが人間関係を築くために、ときには相手との問題に対処する必要があるかもしれません。

問題までいかなくても、うまくこなす方法を知っておくと、悩むことがなくなり、楽ですよね。

ここでは、パターン別に、人間関係の対処法をお伝えします。

【怒っている人】への対処法

怒っているオーラを感じたら、自分のオーラを広げないようにして、相手のオーラが鎮まるのを待ちましょう。

クレーム対応のような場合は、素直に謝ると、相手のオーラはすっと収まります。

または、意外に逆ギレするのも効果的。

相手のエネルギーに合わせながら、はじめは黙って相手の言うことを聞いて、オーラが鎮まるのを待ちます。

それから、少し強めに筋道を立ててこちら側の話をすると、相手は冷静になります。

それは、

「あなた、いま怒っていますよ。落ち着いてください」


とアピールすることになるから。怒っていることを指摘されると、人は怒りが収まるものなのです。

相手のオーラやエネルギーの状態を透視しながら対応することで、相手の怒りのオーラを鎮めることができます。

【苦手な人】への対処法

あなたはなぜ、その人のことが苦手なのでしょうか？

それは、相手が「映し鏡」だからです。

認めたくないかもしれませんが、じつは自分に似ていて、しかも自分が見たくなくて蓋をしているところが似ているのです。

相手ばかり見てしまうと、余計に苦手意識が強まりますので、まずは自分を振り返ってみましょう。

このとき、

「どうして、私はこの人が苦手なんだろう」


と、透視してみてください。

すると、自分も同じ要素を持っていることに気づくことができるはず。気づいたら、

「いいじゃん、苦手で！」

と思えたり、または
「自分のココを直してみよう」

と思えるようになるでしょう。

蓋をしていた自分の深層に向き合えたら、相手のことも自然と受け入れることができるようになりますよ。

【仲直りしたい人】への対処法

「会社の人とギクシャクしちゃって……」

「友達とケンカしちゃって……」


そんなときは、ギクシャクした人間関係を収めたいのか、それともサヨナラしたいのか、自分の心を内観しましょう。

関係を収めて仲直りしたいのなら、自分から謝ることが、あなたのためにもなります。

相手は気にしていないかもしれないし、あなただけでなくほかの人にもネガティブな態度なのかもしれないですよね。

ですから、自分のプライドは捨てて、相手の性格や状況を透視したうえで、謝るようにしましょう。

透視すると、相手はすっかり忘れている、またはいま相手にコンタクトするタイミングじゃない、などと見えてくるはず。

あなたの透視結果によって、時間をあけて接したほうがよいのか、忘れてあげるのがよいのか、謝ったほうがよいのか、選んでくださいね。

ギクシャクしたままの関係は、10年後も変わりません。でも、仲直りしたあとに自然解消してサヨナラするのであれば、シコリは残りません。相手のためではなく、ここは自分のために、透視をして仲直りするようにしましょう。

【お願いごとをしたい人】への対処法

相手にお願いをした場合、結果はシンプル。

「できるか、できないか」の2択です。

まず相手の仕草から、エネルギーを透視してみます。あなたが「お願い」と頼んだら、相手はやってくれそうでしょうか。


「この人はしてくれないな」


と、透視できた場合は、未来をシミュレーションして、相手との関係性を見直す機会にもなります。

例を挙げてみましょう。

恋人に、「メールが少ないから、もっとメールをしてほしい」とお願いをしたとします。

その彼は毎日メールを「できるか、できないか」、透視するのです。

「言ったこともすぐ忘れるし、この人には無理だ！」

と、透視できたら、次は未来のシミュレーション。

「結婚しても彼は直らないだろう。メールが少ない＝ホウレンソウ（報告・連絡・相談）が少ないということ。コミュニケーションが苦手な人と、一緒にいて自分は耐えられるだろうか？」

こうすると、相手に期待をして待つのではなく、いい人間関係だけを自ら選ぶことができるようになります。

運命の赤い糸を引き寄せる

あなたは、「運命の赤い糸」を信じていますか?

恋愛や結婚の赤い糸はもちろん、友達、会社とも、赤い糸はつながっています。


「これは、運命の赤い糸で結ばれているのかな」

それを確認するためには、神さまのスコープが必須アイテム! この本でお伝えした透視方法を、ぜひ実践してみましょう。


たとえば、運命の赤い糸だと信じてお付き合いするけど、いつもダメ男と付き合ってしまうという女子の場合。

彼との未来をシミュレーションしたときに、幸せそうに笑っている自分がそこにいますか？
もし「いない」と見えたら、次の赤い糸を探しにいくべきなのです。恐れることはありません。

あなたが、結婚したいけれど、まだチャンスをつかんでいない女性だとします。相手に求める条件として、自分が譲れないこと、自分が大事にしていることを、ひとつだけ選ぶとしたらなんでしょうか。

家族ですか？
金銭感覚ですか？
信念ですか？
仕事でしょうか？

自分の心を内観してみましょう。

次に、あなたが大事にしている、そのひとつの条件のことを、相手は理解してくれるのか、相手にエネルギーを合わせて、透視してみましょう。

あなたが、離れて暮らす母親のことをなにより大事に思っているのに、彼は「嫁に来たのだから、頻繁に実家に帰るべきじゃない」という考えだとしたらどうでしょう。

そのようにして、相手が理解してくれるか、くれないか、未来をシミュレーションするのです。

サロンに通ってくださる女性のクライアントさまのお話です。

彼女自身、高学歴、高収入のキャリアウーマン。35歳を過ぎても、自分以上のレベルのお相手を探していらっしゃいました。当時、お付き合いしていた彼のことを「東大くん」と呼んでいたそうです。

「東大卒だから好き！」

私にはそう見えました。

クライアントさまは、神さまのスコープを使う教室に通い、透視する練習を繰り返しました。すると、学歴で選んでいるご自身に幸せがないと感じられるようになりました。

「相手に求める条件として、自分が譲れないこと、自分が大事にしていること」を透視していたところ「音楽」とメッセージが出ました。

そう、クライアントさまは、音楽が趣味でジャズやクラシックを一緒に聴けたら幸せだと見えたのです。

ほどなくして、「東大くん」とはお別れして、音楽の趣味が合う優しい旦那さまと出会い、いまでは一児の母になられ、とっても幸せそうです。


自分が譲れないことは、あなたの根源でもあります。そこが相手と重なるのであれば、それは運命の赤い糸ですよね。

この地球に、何億と男女がいるなかで出会えることだけでも素晴らしいことですが、根源から共鳴し合えるなんて、そんな奇跡はありません。


相手のエネルギーに合わせてみたときに、自分の根源が合わない、理解されないようだったら、関係に終止符を打つことも必要なのです。その強さを持ちましょう。

相手が会社の場合も同じです。

社会貢献をしたいと願っているなら、たとえお給料が高くないとしても、震災時には寄付をしていたり、社会活動をしている会社に就職すると、社員になれてよかったと思えるものです。会社のエネルギーに合わせて透視することで、経営者の心の内やポリシーを理解することができます。

そうして選んだのであれば、運命の赤い糸で結ばれた会社といえるでしょう。


透視力を磨いて、練習して、実践していくと、自分には必要ない人間関係がわかるようになります。

友達の数は減るかもしれません。でも、たとえ少数だとしても、会うのは10年に一度だとしても、赤い糸で心と心がつながっている友達がいるということは、幸せだと思うのです。


運命の関係をキャッチするのは、とても大切なこと。

その運命を透視できるスコープを、自分は持っていて、使える力があるんだと信じることは、もっと大切です。

誰もが霊能者になれるわけではないですが、もしかしたら同じような力を持つことができるかもしれません。頭と心をしなやかに受け入れてみてください。

そして、神さまのスコープを手にしていることに、ぜひ感謝しましょう。

その心によって、あなたの透視力はさらに高まり、運命を引き寄せて、人間関係を劇的に変えることができますよ！

おわりに

東京の代官山の小さなサロン。

十数年前に石屋を開業しました。

お洒落な小さな街で、静かな裏道に入った場所。窓からは緑と光が差し込むサロン。

このサロンを東京のパワースポットにするのが夢でした。

いまでは、全国から素敵なクライアントさまが連日ご来店くださいます。心優しい、素敵なクライアントさまばかりです。クライアントさまとお話ししている時間は、私にとっても本当に幸せなひと時です。いままで出逢ったすべてのみなさまに心から感謝いたします。心からみなさまのことが大好きです。


たくさんの素晴らしい出逢いがあったのは、神さまのスコープを使ってきたからです。

そして、プライベートでもよき友、家族に支えてもらって毎日本当に幸せです。すべて神さまのスコープのおかげです。こんなに素晴らしいことはありません。私が使えたのだから、みんなも使える！

この素晴らしい神さまのスコープを広めたい！

書籍を通してみなさまにお伝えしたいとずっと願っておりました。

長年イメージしてきたことがついに叶い、みなさまのお手元にお届けできたことに心より感謝申し上げます。

私の伝えたいことを理解し共感してくださいました編集者の鹿野さま、そして、フォレスト出版社さまに出逢えた幸運は、神さまのスコープを使ってきたからだと感じます。言葉にできないほど感謝の気持ちでいっぱいです。

令和になり、時代の変化のスピードがさらに上がっていきます。

時代を走り続けるためには、直感力、透視力が重要です。

私自身も、この時代を走り抜けるために、もっともっと神さまのスコープを磨いていきます。

みなさまを明るい未来に導けるような存在であり続けたいと思います。

日々、悩むこと、悲しいこと、辛いことがたくさんあると思います。

そのなかでも、最善の道を進めるように、あなたの力になる神さまのスコープを磨いてください。

生きていて楽しいと思える瞬間を増やしていきましょう。それが、神さまのスコープの本当の力です。


天然石と出会い、代官山の小さな石屋からスタートして、スピリチュアルな道を進んで参りました。私の使命は、見えない世界をもっともっとお伝えしてみなさまに幸せを感じていただくことです。

あなたはあなたらしく。他人に振り回されないように、人間関係をよくしてくださいね。

視点を変えれば人生が変わります。

さあ、今日から神さまのスコープで人生を変えていきましょう。

しずく

【著者プロフィール】

しずく

代官山石の雫 オーナー
スピリチュアルリーダー
霊能者 Medium（ミディアム）

スピリチュアルが身近にあるスピリチュアル体質な家系で育つ。霊、気学、占いが生活の中にあり、それらが自然と身につく。

20代前半に単身でアメリカ横断の旅をし、瞑想やスピリチュアリズムを学ぶ。

30代前半、天然石と出会い大いなる地球のエネルギーを受け取り、霊能者として覚醒。

2007年に代官山石の雫をオープン。世界中から集めた天然石サロンを運営。のべ2万人以上のカウンセリングに取り組み実績を積む。事業のコンサルティング、執筆、教室の主催もしている。クライアントには著名人も多い。

HP：http://www.ishi-no-shizuku.com/
ブログ：https://ameblo.jp/ishinoshizuku/

心と未来を透視する方法　神さまのスコープ

2019年7月5日　　初版発行

著　者　しずく
発行者　太田　宏
発行所　フォレスト出版株式会社
〒162-0824 東京都新宿区揚場町2-18　白宝ビル5F
電話　03-5229-5750（営業）
03-5229-5757（編集）
URL　http://www.forestpub.co.jp

印刷・製本　日経印刷株式会社

ISBN978-4-86680-043-1　Printed in Japan

『心と未来を透視する方法 神さまのスコープ』

購入者無料プレゼント

『心と未来を透視する方法 神さまのスコープ』の
著者自身による誘導瞑想音源を無料でプレゼント

1 心と体をリラックスさせ、一歩引いた目を持つ

心身の瞑想

2 自己肯定感を高め、透視の質を向上させる

光の瞑想

本特典は、神さまのスコープを使いこなすための２つの音源ファイルになります。本書のなかで紹介した透視力をアップさせる２つの瞑想の誘導瞑想音源で、著者自身がやさしく瞑想を導いてくれます。心と体がリラックスし、透視の質もアップします。ぜひご活用ください。

※音源ファイルはWeb上で公開するものであり、CD・DVDなどをお送りするものではありません。
※上記プレゼントのご提供は予告なく終了となる場合がございます。あらかじめご了承ください。

▼読者プレゼントを入手するにはこちらへアクセスしてください

http://frstp.jp/scope-meisou